# Gewagtes Glück

Armin Beuscher
Elisabeth Mackscheidt
Hartmut Miethe

D1932176

Meinem lieben
Weggefährten
Jürgen Seng
herzlich

ideen mit geist
buch verlag gmbh
neues

Impressum:

ISBN 3-930180-32-4

Herausgeber:
Armin Beuscher / Elisabeth Mackscheidt / Harmut Miethe
Gewagtes Glück
© Verlag Neues Buch, Nidderau 1998

Alle Rechte vorbehalten. Wiedergabe, auch auszugsweise, nur mit Genehmigung des Verlages.

Umschlaggestaltung und Layout: Profil Design Hanau

# Gewagtes Glück

## Reflexionen
## Gedichte
## Liturgien
## Impulse

## zu Trennung und Scheidung

Herausgegeben von
Armin Beuscher ~ Elisabeth Mackscheidt ~ Hartmut Miethe

# Inhalt

## Vorwort

Kommt es in einer Partnerschaft zur Trennung, so hat das weitreichende Auswirkungen auf die Partner selbst, auf ihre Kinder, ihre Familien, ihre Freundeskreise und auch auf ihr gemeindliches Umfeld. Trennungen, Scheidungen sind längst Alltag, der keineswegs vor Familien haltmacht, denen der christliche Glaube viel bedeutet und die vielleicht das Leben ihrer Gemeinde entscheidend mittragen.

Trennung/Scheidung ist ein Abschiednehmen, das ähnliche Prozesse auslöst und notwendig macht, wie wir sie aus der Trauerarbeit und der Bearbeitung anderer Lebenskrisen kennen. Unsere Praxishilfe möchte ein realitätsbezogenes Verhältnis zum Thema Trennung und Scheidung vermitteln. Die Erwartungen an das Glück in Partnerschaft und Ehe sind gestiegen, Liebe ist mehr denn je ein Wagnis. Die Kirchen segnen zwei Menschen, die gemeinsam in die Zukunft gehen wollen, sie schweigen in der Regel im gottesdienstlichen Raum zu ihrer Trennung, wenn beide nicht mehr zusammenstehen können; und die Kirchen sind auch nicht immer fähig, mit ihrem Seelsorgeangebot einen wirksamen Beistand zu leisten.

Die christliche Gemeinde kann ein Ort sein, an dem solche Prozesse thematisiert und begleitet werden. Sie kann dies auf verschiedenen Ebenen tun: in der im engeren Sinne seelsorgerlichen Praxis, in emotionaler Hinsicht, in der Enttabuisierung der Scheidungsrealität, mit finanzieller und anderer praktischer Unterstützung. Menschen, die sich trennen, brauchen nicht unsere Ratschläge - so, als wüßten wir besser, was für ihr Leben gut ist oder gar gut gewesen wäre -, sie benötigen vielleicht unseren Rat, sicherlich aber unser Mitgehen, unsere Sympathie und unser Gebet. Dazu möchte diese Praxishilfe beitragen.

Einige der Texte, die wir unter dem Stichwort *Reflexionen* veröffentlichen, gehen auf Trennungserfahrungen in der eigenen Lebensgeschichte oder im Leben von Menschen aus dem persönlichen und beruflichen Umfeld zurück. Andere geben Erfahrungen der Familienberatung und Familientherapie zu diesem Thema wieder und möchten systemisches Denken und Handeln auch für die pastorale Praxis fruchtbar machen.

Viel Freude hat uns gemacht, einige *Gedichte* zusammenzutragen, die das Thema Trennung umspielen. Lyrik ist ein - oft noch ungehobener - Schatz in Zeiten des Übergangs, in denen Menschen sich von Altem verabschieden und Neues entdecken. Sie bringt in authentischer Weise Erleben ins Wort und tut dies in einer Form, die offen bleibt für die Möglichkeit, sich darin mit seinen eigenen Gedanken und Gefühlen widergespiegelt zu sehen.

Ein besonderes Anliegen ist es uns, dazu beizutragen, daß in der evangelischen wie auch katholischen Kirche mehr Schritte unternommen werden, dem Thema Trennung und Scheidung in dem zentralen Lebensvollzug einer jeden christlichen Gemeinde Raum zu geben: im Gottesdienst. Dabei sind die Gebete, Rituale und *Liturgien*, die wir hier vorstellen, als Anregung und Bestärkung gedacht, aus der jeweiligen Situation heraus zu eigenen Formen und Formulierungen zu gelangen. Dies kann und sollte im Kontext von Gemeinde geschehen, kann aber auch in anderem kirchlichen Rahmen seinen Platz haben oder unmittelbar in der Familie, im Freundeskreis. Wir sehen die Kirchen in die Verantwortung genommen, ihre große Erfahrung im Umgang mit Ritualen Menschen gerade auch bei dem schmerzlichen und oft gleichzeitig befreienden Weg einer Trennung zur Verfügung zu stellen.

Den Abschluß bilden eine Reihe ganz unterschiedlicher *Impulse* für die konkrete Zusammenarbeit mit Menschen in Trennungs- und Scheidungssituationen. Auch dies sind Beispiele, Hinweise und vielleicht Anstöße für die eigene Praxis.

Dieses Buch will eine Ermutigung sein, der Liebe trotz aller Krisenmomente immer wieder eine Chance zu geben. Nicht zuletzt ist es ein Stück gelebter Ökumene. Gewiß, wir haben nicht den Versuch unternommen, über einen theologischen Diskurs uns in unserem Verständnis von Ehe einander anzugleichen; aber wir sind gemeinsam der Überzeugung, daß das Evangelium eine gute Basis abgibt für einen respektvollen, ermutigenden, solidarischen Umgang mit denjenigen von uns, die sich trennen, sich scheiden, und daß dies auch vielen Menschen zugute kommen kann, die sich nicht als Christinnen und Christen verstehen. Die Kirchen, so meinen wir, können dabei einander bereichern.

Armin Beuscher
Elisabeth Mackscheidt
Hartmut Miethe

# Reflexionen

## Auf einmal Single - und du paßt nicht mehr rein

*Matthias Lau*

Einsam bist du klein... Sonntag morgen. Da ist es immer am schlimmsten, in diesen ersten Wochen und Monaten nach der Trennung. Nicht, daß mir „meine" Gemeinde fehlen würde. Die habe ich, zeitgleich mit der Trennung, freiwillig und relativ gerne gegen den Schuldienst getauscht. Aber eine Gemeinschaft suche ich, in der ich Schutz finde, angeschlagen wie ich jetzt bin, und Menschen, die mit-fühlen, mit-gehen, vielleicht auch für-bitten.
Besucht hat mich auch noch niemand von der Gemeinde, nicht mal jemand vom Besuchsdienst, geschweige denn der Pfarrer persönlich. Warum kommt keiner? Weil die üblichen Seniorengeburtstage lustiger sind und obendrein spendenträchtiger? Weil sich niemand vorstellen kann, was dahintersteckt, wenn jemand Mitte dreißig allein neu in eine Gemeinde zieht?
Oder weil sie es sich verdammt gut vorstellen können und keine Lust haben, sich damit auseinanderzusetzen; weil sie alle um ihre eigenen Ehen zittern und niemanden wahrnehmen wollen, der umsonst gezittert und gekämpft hat?
Wenn ich jetzt nicht gleich aufstehe, wird das ein ziemlich trüber Sonntag. Also los, aufstehen, in die Kirche gehen. Gehen geht nicht, die „für mich zuständige Wohnortgemeinde" ist 20 km entfernt. Das ist volkskirchliche Normalität in der ländlichen Diaspora - also fahren.
Ein kleines Kirchlein, 30-40 Menschen. Bis auf ein paar verpflichtete Konfirmanden bin ich mit Abstand der Jüngste. Bis auf ein paar vermutlich verwitwete Senioren bin ich der einzige, der allein kommt. Na gut, auch das ist volkskirchlicher Alltag, aber es macht mir das Heimischwerden nicht leichter. Ob das denn die Altersstruktur der Gemeinde widerspiegele, frage ich später den Pfarrer. Nein, sie hätten auch eine Menge junge Familien, die kämen dann zum Familiengottesdienst einmal im Monat. „Komm, Herr, segne uns, daß wir uns nicht trennen..." Und wenn wir uns aber doch trennen? Und wenn ich einen Familiengottesdienst bis heute nicht ertrage, weil er mich an den Schmerz erinnert, getrennt von meinen Kindern leben zu müssen? Und wenn ich auch nicht 30 Jahre warten will, bis ich zu den Senioren gehöre - wo gehe ich dann hin einstweilen?
Naja, jetzt bin ich ja hier, der Gottesdienst beginnt - und ich hänge zunehmend innerlich ab. Ist eigentlich nie jemandem aufgefallen, wie sehr die liturgische Sprache, die Themen der Lieder und Predigten, die Inhalte der Gebete, die Metaphorik und das Gemeindeleben insgesamt vom Familienparadigma getragen sind?
Das ist verbal kaum greifbar. Aber es wird stillschweigend als Normalfall vorausgesetzt, daß man in einer Familie lebt. Daß ein Mensch aus seinem familiären Lebensentwurf hinausgeworfen werden kann, daß es andere

Lebensformen gibt als die bürgerliche Kleinfamilie, das ist hier nicht vorgesehen. Darüber besteht ein Konsens, der allerdings nicht ausgesprochen wird. Ein Drittel aller Ehen aber wird geschieden, in den großen Städten sogar bis zu 50%. Diese Tatsache wird verschwiegen, und das Verschweigen wirkt tabuisierend.
Und so findet das, was diese Menschen fühlen und suchen, keinen Niederschlag im Leben der Gemeinde, in der gottesdienstlichen Sprache, in Gebeten und Predigten. Das Kyrie für die verlorene Liebe, die Klagelitanei für den Schmerz der Trennung von den eigenen Kindern - sie ertönen nicht. Die Fürbitte für die, die unter die Räder ihrer eigenen Beziehung gekommen sind, unterbleibt. Naja, nicht ganz. Manchmal, an Weihnachten z.B., wenn man an die Armen, Kranken und Behinderten denkt, dann kommen auch die Beziehungskrüppel vor.
Was aber, wenn die Entwicklung weitergeht? Nach etlichen Monaten, nach ein oder zwei Jahren vielleicht, kann so ein Trauerprozeß abgeschlossen sein. Dann steht nicht mehr das Scheitern im Vordergrund oder der Schmerz für das, was man verloren hat. Dann entsteht ein neuer Lebensentwurf, einer, der mit Gespür für das Eigene zu tun hat, mit Lust und neuer Lebensfreude und vielleicht erstmal nicht mit neuer fester Bindung.
Und spätestens jetzt, wenn das Trennungswrack zum freiwilligen Single mutiert ist, fliegt dieser endgültig aus der Kirche. Solange er wenigstens noch ordentlich trauert und leidet, gibt's vielleicht noch Mitleid und Barmherzigkeit. Findet einer (oder eine) aber gar Gefallen an Lust ohne Ewigkeit oder einfach nur am „Leben einzeln und frei" - dann aber bitte nicht im Raum der Kirche. Denn wo findet diese Lebenswirklichkeit ihren liturgischen Niederschlag, ihr Echo im Leben der Gemeinde? Wo ertönt das Loblied der Freiheit? Wo wird die Achterbahn der neuen Näheversuche aufgebaut? Und wo wird gar das Erntedankfest gefeiert für die eine - und möglicherweise einzige - heiße Liebesnacht?
Verkündigung ist das Ausrichten der frohen Botschaft in die Lebenswirklichkeit eines anderen Menschen hinein. Darum wird Paulus den Griechen ein Grieche und den Heiden ein Heide und verlangt nicht, daß alle Juden werden. Eine Verkündigung und kirchliche Praxis, die die Lebenswirklichkeit eines großen Teils der Menschen ignoriert, verfehlt ihren Auftrag. Der stillschweigende Konsens, daß Ehen ewig zu sein haben, ist ein dauernder Vorwurf an die, die an diesem Anspruch gescheitert sind. Das ungeschriebene Dogma, daß die Gescheiterten wenigstens ewig trauern sollen, ist ein Schlag für die, die nach gelungenem Trauerprozeß freiwillig als Singles leben. Und beides zusammen wirkt, gerade dadurch, daß es nie offen ausgesprochen wird, für die Betroffenen wie die permanente Botschaft: „Du bist nicht o.k., du bist falsch, du gehörst nicht zu uns." Und diese Botschaft bedeutet letztlich die stillschweigende Exkommunikation dieser Menschen.
Was behindert die Veränderung? Als ich noch Gemeindepfarrer war, war ich u.a. die amtlich verordnete Verkörperung einer überkommenen Lebensform. In der Hektik des Gemeindealltags um das Überleben der eigenen

Ehe kämpfend, hatte ich wenig Lust, mich mit denen zu beschäftigen, die diesen Kampf schon verloren hatten. Ich vermute, das geht anderen Kolleginnen und Kollegen ähnlich. Viele sehen sich konfrontiert mit der Erwartung, wenigstens bei ihnen solle es „klappen", wenigstens im Pfarrhaus sollte „heil(ig)e Familie" stattfinden. Solange sie unhinterfragt damit beschäftigt sind, dieses Ideal zu erfüllen, entsteht wohl weder bei ihnen noch in der Gemeinde Empathie für die, die daran gescheitert sind. Noch weniger gedeihen Respekt und Wertschätzung für Menschen, die sich die Freiheit nehmen, nach neuen Formen gelingenden Lebens jenseits von Ehe und Familie zu suchen. In dieser unbewußten Atmosphäre ist der ebenso unbewußte Ausschluß dieser Menschen die fast notwendige Folge. Die durchschnittliche Kirchengemeinde mit ihren hilflosen Hirten an der Spitze kommt mir vor wie eine Schafherde, die inständig zu Gott fleht, daß der Wolf keinen beißen möge. Und wenn dann einer kommt, der gebissen worden ist, dann schließt die Herde den aus, weil er sie schmerzhaft daran erinnert, daß ihr Flehen und Hoffen umsonst sein könnte.
Was könnte helfen? Was jedenfalls nicht hilft, ist Aktionismus. Bitte nicht nach Jugend-, Familien- und Krabbelgottesdiensten nun den Single-Gottesdienst!
Bitte nicht die kirchenübliche Entdeckung einer neuen „Randgruppe"! Erstens sind 30-50% der Bevölkerung keine Randgruppe. Und zweitens wird es so billig nicht abgehen. Die Auseinandersetzung mit dem Thema Trennung ist nämlich zu allererst die Konfrontation mit der eigenen Angst davor und der daraus resultierenden unbewußten Ausgrenzung der Getrennten. Als nächstes ist wichtig, zu differenzieren, worum es geht. Das eine Thema heißt Seelsorge an Trennungs-Trauernden. Das andere heißt Respektierung und solidarische Begleitung der freiwilligen Singles und ihrer Lebensentwürfe.
Trennungsbegleitung wäre eine seelsorgerliche Aufgabe, die in vieler Hinsicht der Seelsorge an Trauernden ähnlich ist. Wer dies leisten will, braucht ähnliche Voraussetzungen. Niemand begleitet Trauernde unbelastet und „einfach so". Allzu schmerzlich erinnern sie uns daran, daß unser Leben bedroht und endlich ist. Wir SeelsorgerInnen lernen, diese Abwehr zu überwinden, indem wir uns in der Ausbildung und danach mit uns selbst und der Bedrohtheit unserer Existenz ehrlich auseinandersetzen. Warum sollte das beim Thema Trennung unmöglich sein?
Die Auseinandersetzung damit sollte in der Aus- und Weiterbildung einen ebenso selbstverständlichen Platz einnehmen wie die Auseinandersetzung mit Trauer und Tod, weil Trennung ebenso selbstverständlich zur Gebrochenheit unserer Existenz gehört.
Single-Leben dagegen ist zuerst einmal kein seelsorgerliches oder diakonisches Problem, sondern - nicht immer, aber immer öfter - eine freiwillige Entscheidung für eine bestimmte Lebensform. Hier ist also nicht Fürsorge gefragt oder gar Verurteilung, sondern erst einmal der Respekt vor dieser Entscheidung und die Wahrnehmung und Akzeptanz dieser Lebensform.

Im Raum der Kirche bedarf es dafür wohl zuerst einmal einer ethischen Neuorientierung. Wer diese verweigert, etwa mit dem Hinweis, daß das Single-Leben mit seinen freiheitlichen, mitunter bindungsarmen Formen gelebter Sexualität defizitär sei, der verkennt, daß auch in unseren Ehen viele defizitäre Formen von Liebe und Sexualität gelebt werden.
In dem Maß, in dem hier eine „Normalisierung" gelingt, können Singles dann in Kirchengemeinden heimisch werden. Dann können auch die spezifischen Probleme dieser Lebensform - ebenso wie alle anderen Lebensprobleme - in der Gemeinde geteilt werden.
Dem beschriebenen Gottesdienstbesuch sind noch etliche gefolgt. Als Trennungs-Trauernder und später als freiwilliger Single war ich in verschiedenen Gemeinden, bei verschiedenen Pfarrern, auch in der Großstadt - das Ergebnis war überall das gleiche.
Aufgeben mag ich trotzdem nicht. Vielleicht gelingt es ja noch, daß wir, Einzelmenschen und Familienmenschen, gemeinsam „Anwalt des Lebendigen" werden.

# Abschied - Trennung - neues Leben

*Hans-Georg Wiedemann*

In jeder Kirchengemeinde sollte es das geben: ein Gesprächsangebot für Menschen, die sich von einem für sie wichtigen anderen Menschen - endgültig - trennen mußten.
In der monatlich stattfindenden Gesprächsgruppe „Abschied-Trennung-neues Leben", die wir in der Gemeinde anbieten, kommen nicht nur Menschen zusammen, die um den Tod eines anderen trauern, sondern auch Menschen, die durch Scheidung und Trennung um ihr inneres Gleichgewicht gebracht wurden.
In beiden Situationen ist das eigene Leben erheblich betroffen und verletzt: Man war verbunden mit dem Leben eines anderen Menschen. Gefühle flossen hin und her. Man hatte sein Herz für einen anderen geöffnet, vertrauliche Gespräche wurden geführt, und manchmal hatte man sogar Gefühle des Einsseins. Man war, manchmal sehr weit, aus sich herausgegangen.
Und das ist nun alles mehr oder weniger plötzlich zu Ende: abgebrochen durch Tod oder Trennung unter Weiterlebenden. „Als wär's ein Stück von mir", heißt es in einem Lied. Ja, so ist es! Ein Stück von mir ist verloren gegangen. Manche sagen: „Ich fühle mich wie halbiert".
Wenn wir um einen Menschen trauern, dann trauern wir nicht nur um ihn, sondern immer auch um uns selbst. Denn unser Leben besteht niemals nur aus uns selbst. Es sind die Beziehungen zu anderen, die uns tragen und halten; die uns spüren lassen, daß wir leben, daß wir wichtig sind, ja, daß es uns gibt in dieser Welt. Nur sehr wenige Menschen ruhen allein in sich selbst, genügen sozusagen sich selbst. Die meisten von uns brauchen Bestätigung und Anerkennung durch andere Menschen. Trennung durch Tod oder Aufkündigung einer Liebes- und Freundschaftsbeziehung greift darum tief in unser Lebensgefühl ein: in das Gefühl, daß es Sinn hat, zu leben.
Dabei ist die Trennung durch Aufkündigung einer Liebesbeziehung oft noch schwerer zu verkraften als die Trennung durch den Tod eines geliebten Menschen. Der Tod eines Menschen ist ihm selten vorzuwerfen, und es bleibt keine Hoffnung auf das neue Entstehen der Beziehung. Man weiß, daß man sich irgendwann mit seinem Tod abfinden muß. Im Fall einer Trennung unter Lebenden weiß man, daß der oder die andere irgendwo weiterlebt, und die Gedanken kommen nur schwer zur Ruhe, daß er oder sie sich uns doch wieder zuwenden könnten. Auch ist das Selbstwertgefühl weit tiefer verletzt als beim Tod eines nahen Menschen; denn man fragt sich: „Warum hat der andere mich nicht mehr gemocht und abgelehnt? War ich ihm nicht genug wert? Vielleicht bin ich überhaupt wenig wert?" - Im Gespräch in der Gruppe geht es zuerst einmal darum, die Unwiderruflichkeit des Verlustes anzusehen. Das ist, wie gesagt, u.U. im

Fall des Todes „einfacher" als im Fall des Verlustes eines Liebespartners, einer Liebespartnerin. Im Grunde geht es um die Anerkennung der jedem bewußten, aber schmerzlich erfahrenen Realität, daß „in dieser Zeit" nichts von Dauer ist: kein Leben, keine Beziehung und oft auch eine Liebe nicht. In den Psalmen der Bibel und beim Prediger Salomo ist darüber viel zu lesen. In Shakespeares „Sturm" heißt es: „Wir sind vom Stoff, aus dem die Träume sind; und unser kleines Leben ist nichts als ein Moment, umringt von Schlaf".

Im weiteren Gespräch betrachten wir genauer, was der erlittene Verlust für unser eigenes Leben bedeutet: Was ging uns verloren? Hier wird der Mensch, den wir verloren haben, noch einmal konkret und „sichtbar": Wie war er? Was hat er mir gegeben? Was habe ich von ihm bekommen? Warum entbehre ich ihn so? Was bleibt von ihm in mir? Was will ich bewahren? Worin hat er mich reicher gemacht? - In dieser Gesprächsphase sind wir im Zentrum des Trauerprozesses. Hier wird Abschied genommen und Trennung manifestiert. Besonders wichtig ist die Frage nach dem, was bleibt. Trauernde sehen über lange Zeit nur den Verlust, und es fällt ihnen schwer, ihren Blick auf das zu lenken, was sie an Glück, Wärme und Geborgenheit durch den verlorenen Menschen erfahren haben - manchmal über Jahrzehnte hinweg. Können Trauernde innerlich akzeptieren, daß auf Erden kein Glück von Dauer ist, dann werden sie allmählich auch dankbar für das Glück, das sie mit dem anderen und durch den anderen erfahren haben. - Dieses Gefühl der Dankbarkeit ist auch um so schwerer zu erreichen, je stärker der Trauernde sein Selbstgefühl, seine Identität mit dem anderen verbunden bzw. von ihm abhängig gemacht hatte. Das gilt besonders für Liebende, deren Selbstwertgefühl in starkem Maße von der Anerkennung durch den geliebten Partner bzw. die Partnerin abhängig war. Hier muß über Fragen gesprochen werden wie: „Du warst für deinen Partner / deine Partnerin auch einmal interessant. Was hat ihn/sie an dir interessiert? Du hast offensichtlich Eigenschaften, die dich für andere Menschen interessant machen. Kannst du sagen, welche das sind?"

Das (gesunde) Trauern wird manchmal erschwert durch die Leugnung „unerlaubter" Gefühle. Ein junger Mann im Abitur hat Schwierigkeiten mit dem Lernen und zudem Schlafstörungen. Sein Vater war nach langem Siechtum gestorben. Das lag wie ein großer Schatten auf der ganzen Familie. Im Traum ist er wütend auf seinen Vater. Er konnte erst trauern, als er diesen Zorn wegen entgangener Jugendjahre durch die Krankheit des Vaters zugeben konnte. - Eine Mutter verliert ihre Tochter durch Suizid aufgrund einer endogenen Depression. Sie lernt es nur langsam, ihren Zorn auf die Tochter zuzugeben, die ihr mit mehreren Suizidversuchen das Leben fast zur Hölle gemacht hatte.

Auch beim Verlassenwerden von einem Menschen, den man geliebt hat, ist es oft schwer, die Wut auf ihn zuzulassen. Manche suchen die „Schuld" nur bei sich selbst. Es ist hilfreich, wenn in der Gruppe die „Erlaubnis"

erteilt wird, die Gefühle der Wut und Enttäuschung über den anderen auszusprechen - manchmal herauszuschreien.
Auch Schuldgefühle hindern das Loslassenkönnen. Vielfach sind es Gefühle ohne wirkliche Schuld: man habe gegenüber dem Verstorbenen etwas versäumt; man habe ihn vielleicht nicht genug geliebt, nicht genug für ihn getan; man habe zu sehr an sich gedacht u.a. Natürlich gibt es auch reale Schuld. Das Gespräch in der Gruppe geht von der Feststellung aus, daß es kein menschliches Leben gibt ohne Schuldigwerden. Die Schuldgefühle werden mit der Frage konfrontiert: „Was hättest du tatsächlich noch tun können? Wie war deine Situation damals? Hattest du noch genug Kraft?"; aber auch das, was als reale Schuld bleibt, wird angesehen. Sie zu übernehmen, ist nicht leicht. Aber nur, wenn das geschieht, kann man Abschied nehmen. Hier kann die christliche Botschaft von der Vergebung der Schuld eine heilsame Rolle spielen.
Es klingt vermutlich „egoistisch", wenn ich den Trauernden in der Gruppe sage: „Was auch Schreckliches und Lähmendes gewesen ist: *Du* lebst. *Du* hast noch Lebenszeit vor dir. Sie ist wertvoll. Fülle sie!"
Ich schließe z.B. jede Beerdigung mit dem Satz: „Nun geht auch wieder weg von diesem Grab, hinein in euer weitergehendes Leben mit seinen Aufgaben, mit seinen Freuden und Schmerzen. Und geht mit dem Segen Gottes als Weggeleit."
Mit „Egoismus" hat das nichts zu tun, sondern mit der Tatsache, daß jeder von uns sein Leben hat - sein auch einsames Leben; daß jeder von uns als Einzelner gottunmittelbar ist und sein Leben vor Gott als Einzelner durch alle Wandlungen hindurch leben muß, leben darf. Das Grundlegende ist die Beziehung Gottes zu mir und meine Beziehung zu ihm. Ihr gegenüber treten auch die Beziehungen zu „Weib und Kind", zu Eltern und Freunden zurück.
Die Fragen, die in jeder Trauergruppe zu den schwersten gehören, sind die Fragen nach dem „Warum": „Warum mußte er so früh sterben? Warum unser Kind und nicht ich? Womit haben wir dieses Schicksal verdient?"
Ich sage in der Gruppe ganz klar: Solche Fragen sind nicht zu beantworten - und doch sind sie wichtig: einmal in dem Sinne, daß sie uns die Grenzen unseres Wissens und Verstehens deutlich machen; zum anderen in dem Sinne, daß wir darüber staunen sollen, daß sie überhaupt in uns sind. Denn wir stellen diese Fragen, obwohl wir von vornherein wissen, daß kein Mensch sie je beantworten kann. Welchen Sinn haben dann solche Fragen? Sie könnten den Sinn haben, daß wir anfangen, nach dem Woher solcher Fragen in uns zu fragen. Das Woher dieser Fragen kann nur jenseits unseres Wissens und Erkennens, jenseits unserer Person und unseres Menschseins liegen. Wir fragen also mit jedem existentiellen „Warum" über uns hinaus nach Gott. Da wir diese Fragen uns aber nicht ausgedacht haben, sondern sie in jedem Menschen sind, können wir davon ausgehen, daß sie uns für unser Leben mitgegeben wurden von dem, der uns in die Zeit setzte, von Gott. Gott verbirgt sich in uns hinter der Frage nach

dem Sinn von allem, was ist und geschieht - wie er sich auch verbirgt in unseren Klagen, in unserer Sehnsucht, in unseren Wünschen und Hoffnungen, in unserem Verlangen nach Liebe, nach Bejahung und Geborgenheit.
Im Psalm 73 heißt es: „Und doch, Gott, ich komme von dir nicht los". In diesem „und doch" stecken alle Zweifel unseres Verstandes. Aber die „Logik unseres Herzens" sagt, daß es den Zweifel nicht gäbe ohne vorhergehende Gewißheit. So wie es den Gedanken an Gott nicht ohne Gott geben kann.
Eine Frau in der Gruppe sagte: „Ich glaube nicht mehr an Gott. Ich glaube nur noch an mich selbst. Aber ich halte es oft mit mir selbst nicht aus."
In der Trauer kommt so oder so, aber fast notwendigerweise, die Frage nach Gott zur Sprache. Karl Rahner schrieb einmal: „Wir dürfen getrost annehmen, daß in jedem Menschen Gott schon längst am Werk ist: als seine innerste Sehnsucht nach dem ganzen, dem heilen Leben, nach Frieden, nach entgrenzter Freiheit, nach letzter Geborgenheit." Und der Psychoanalytiker Carl Gustav Jung berichtet als Arzt, daß nach seinen Erfahrungen mit seinen Patienten es jenseits der Lebensmitte keinen Menschen gibt, „dessen endgültiges Problem nicht das der religiösen Einstellung wäre". Hinderlich ist allerdings oft ein kindlich gebliebenes Gottesbild: das Bild von einem allmächtigen Marionettenspieler.
Ich halte es für wichtig, in der Trauergruppe über die mitgebrachten Gottesbilder zu sprechen und Hilfen zu geben, damit man sich vom Bild eines himmlischen allmächtig-grausamen Patriarchen verabschieden kann. Das Bild des leidenden und sterbenden Jesus und Christus kann deutlich machen, daß Gott gegenüber seinem Menschen auf jede Lenkung von dessen Leben verzichtet hat. Wir sollen frei sein auch von ihm. Aber die Gewißheit Gottes in unserer „innersten Sehnsucht" kann uns helfen, die manchmal erschreckenden Wandlungen unseres Lebens durchzustehen. So können wir davon ausgehen, daß unsere Toten aus der Zeit in die Ewigkeit, schlicht: zu Gott gegangen sind - wie auch wir diesen Weg einmal gehen werden. Aber bis dahin haben wir noch etwas Zeit - und jeder Tag ist wichtig. Eine Frau in der Gruppe, aufgetaucht aus lähmender Trauer, konnte sagen: „Nun sehe ich wieder die Sonne - mit neuen Augen".

# „Ich möchte endlich über mein Leben selber bestimmen können"

## Chancen und Herausforderungen durch Trennung und Scheidung aus der Sicht von Frauen

*Brigitte Vielhaus*

*„Als ich meinen Mann kennenlernte, war ich 18 Jahre alt. Wir waren verliebt, und die Aussichten, mit ihm mein Wunschbild von Familie verwirklichen zu können, waren aus meiner damaligen Sicht gegeben. Wir heirateten zwei Jahre später und bekamen zwei Kinder. Ich war glücklich. Alles war so einfach für mich. Heute würde ich sagen, daß es so war wie bei meinen Eltern und daß ich nahtlos deren Leben zu meinem gemacht habe. Ich war für die Kinder und den Haushalt zuständig und habe mich sonst um nicht viel anderes gekümmert. (...)" (Monika, 37 Jahre)*

Die Anzahl der Ehescheidungen hat seit Mitte der 60er Jahre zugenommen. Während 1960 noch 14% aller Ehen geschieden wurden, sind es heute circa 30% der geschlossenen Ehen, die mit einer Scheidung enden. In den Großstädten sind es zum Teil bereits 50%. Die 1995 geschiedenen Ehen haben im Durchschnitt 12 Jahre bestanden. In den letzten Jahren ist zu beobachten, daß vermehrt Ehen bereits nach fünf Jahren geschieden werden. Die Scheidungshäufigkeit steigt zur Zeit nur noch wenig und scheint sich nun auf hohem Niveau einzupendeln. (1)
Da 2/3 aller Scheidungen von Frauen eingereicht werden, sind es auf den ersten Blick vor allem die Frauen, die - aus welchen Gründen auch immer - mit ihrer Beziehung nicht mehr zufrieden sind. Zumindest sind sie es, die den ersten Schritt zu einem Anwalt oder zu einer Anwältin gehen, um die einst geschlossene Beziehung nun auch formal, juristisch zu lösen.
Statistiken, Zahlen und Prozentwerte sind lediglich äußere Momentaufnahmen von gesamtgesellschaftlichen Entwicklungsprozessen. Sie erzählen wenig bis gar nichts von Beweggründen, von Ursachen oder von persönlichen Hintergründen und Geschichten. Sie erzählen auch nichts über Ängste und Zweifel oder über Chancen und Herausforderungen, die in einer Trennung und Scheidung für alle Beteiligten liegen oder liegen können. Sie sagen auch nichts über die unterschiedliche Sicht und das unterschiedliche Erleben von Frauen und Männern.
Dieser Artikel möchte bewußt aus der Perspektive von Frauen auf persönliche wie auch auf gesellschaftliche Veränderungsprozesse blicken. Die von mir geführten Gespräche mit Frauen (2), die aus ihrer Sicht ihre Trennung vom Partner beschreiben, sind sicher nicht zu verallgemeinern oder gar repräsentativ. Dennoch spiegeln sie in ihrer Einmaligkeit und auch zu

achtenden Subjektivität einen Teil der vielfältigen Veränderungen im Zusammenleben zwischen Frauen und Männern. Sie geben den eher anonymen und verallgemeinernden Zahlen, Statistiken und Entwicklungen immer wieder - auch im Laufe dieses Artikels - ein persönliches (Frauen-) Gesicht.

*„Nach ein paar Jahren wurde unser Leben immer eintöniger. Ich war unzufrieden. Als ich anfing, mich zu verändern, hat mein Mann jede Initiative von mir belächelt und abgewertet. Dennoch habe ich den Trainerinnen-Schein gemacht, Kinder und Jugendliche trainiert und viele neue Menschen und auch mir bisher unbekannte Seiten des Lebens kennengelernt. Ich war neugierig geworden auf mein Leben, auf mich und auf das, was alles in der zweiten Hälfte meines Lebens noch passieren wird. (...) Jahrelang war ich hin und her gerissen zwischen dem Gefühl, mich nicht gegen die Bewertungen von G. wehren zu können, im Alten verharren zu müssen, und dem Wissen, daß ich mich doch verändern darf. (...)*
*Vor drei Monaten bin ich mit meinen Kindern ausgezogen - an einem Punkt, wo es mir nach dem Tod meiner Mutter klar wurde, daß ich mich entscheiden muß. Ich will endlich auf meinen eigenen Füßen stehen, niemandem mehr Rechenschaft schuldig sein über das, was ich tue oder lasse. (...) Wenn ich in unserem ehemals gemeinsamen Haus bin, werde ich traurig, dann merke ich, daß ich irgendwie auch meine Heimat verloren habe. Das tut verdammt weh. Auch wenn ich meinen 14jährigen Sohn und meine 16jährige Tochter ansehe, habe ich manchmal ein schlechtes Gewissen. Aber ich kann nicht anders. Wenn ich zu Hause geblieben wäre, hätte ich aus meiner Sicht keine Chance auf Veränderung gehabt." (Monika, 37 Jahre)*

## Veränderte Lebensbedingungen

Im Vergleich zu den Generationen ihrer Eltern und Großeltern, die noch bis weit in die Nachkriegszeit hinein mit mehrheitlich eindeutigen und gesellschaftlich und kirchlich stark vorgegebenen Rollenbildern groß geworden sind, müssen und dürfen Frauen und Männer heute unter stark veränderten gesellschaftlichen Bedingungen ihre Beziehungen leben und ihren Alltag planen. Einige dieser Veränderungen sind hier kurz benannt (3), um die hohe Zahl von Ehescheidungen und vor allem die Rolle von Frauen darin besser verstehen zu können.

- Die durch die Industrialisierung langsam aber stetig vollzogene Trennung von Erwerbsarbeit und Familienleben hatte auch großen Einfluß auf das seelische Leben. Der nun außerhäusliche Erwerb wurde immer zweckrationaler, die Familie dagegen der Ort der emotionalen Bedürfnisbefriedigung. Das neue Leitbild und auch Ideal des erwerbstätigen Vaters und der nichterwerbstätigen Mutter und Hausfrau sowie die

Möglichkeit für alle Gesellschaftsschichten, überhaupt heiraten zu dürfen, setzten sich mehr und mehr durch. Die Ehe entwickelte sich zu einer Liebesehe und war fortan nicht mehr nur eine ökonomische Zweckgemeinschaft wie noch in vorindustrieller Zeit.

- Der emotionale Druck auf Ehe und Familie stieg mit den Jahrzehnten kontinuierlich. Besonders in der Zeit des Nationalsozialismus und auch der Nachkriegszeit blühte der Mythos, eine Eheschließung und eine Familiengründung seien in sich bereits das reine Glück. Frauen wurden auf ihre sogenannte „naturgegebene Rolle" der Hausfrau und stets zur Verfügung stehenden Mutter verwiesen, Männer hingegen auf ihre ebensowenig „natürliche Rolle" des starken Mannes und des verantwortlichen Ernährers und somit auch distanzierten Vaters.

- Zu keiner Zeit der Geschichte hatten Menschen eine so hohe Lebenserwartung wie heute. Noch vor hundert Jahren lag diese bei 35 - 40 Jahren. Die durchschnittliche Ehedauer betrug 17-18 Jahre. Heute haben Frauen eine durchschnittliche Lebenserwartung von 78 Jahren und Männer von 70 Jahren. Die potentielle Ehedauer hat sich bis heute damit verdreifacht. Das Versprechen und die Zusage ... „bis daß der Tod uns scheidet" beinhalten nun ganz andere Zeitdimensionen und somit auch ganz andere Herausforderungen.

*„Ich hatte doch keinen Beruf gelernt. Das war damals nicht üblich für Frauen. Nach der Volksschule mußte ich sofort in den Haushalt einer anderen Familie, um kochen, putzen und Kinderpflege zu lernen. Ich hätte niemals die Chance gehabt, meinen Mann zu verlassen. Wohin hätte ich auch gehen sollen mit vier Kindern? So bin ich geblieben, auch wenn es oft schwer war. Heute denke ich, ich mußte es so machen. (...) Ob ich glücklich war? Diese Frage zu stellen, habe ich mir nicht erlaubt." (Anna, 79 Jahre)*

- Noch nie hatten so viele Frauen ein so gutes, qualitativ hohes Ausbildungsniveau wie heute. Etwa 50% aller Frauen sind erwerbstätig und haben somit auch einen höheren Anspruch als die Generation ihrer Mütter, Familienleben und Erwerbsarbeit miteinander verbinden zu wollen.

- Durch die gesellschaftlichen Aufbruchbewegungen in den 60er Jahren, die Studentenrevolte und vor allem die 2. deutsche Frauenbewegung, wurden die Machtverhältnisse in Politik und Kirche und zwischen den Geschlechtern wieder neu thematisiert und ihre gesellschaftlichen und kulturellen Ursachen benannt und analysiert.
  Frauen begehrten auf, setzten sich zur Wehr gegen Unterdrückung und Gewalt und trugen so wesentlich zu einer Neubesinnung von Frauen- und Männerrollen bei. Diese sind heute weniger klar denn je. Sie sind

nicht mehr so eindeutig vorgegeben und müssen - manchmal auch sehr mühsam - neu gefunden und definiert werden. Dieses Suchen nach neuen Rollen, nach einer gerechteren Verteilung der anfallenden Haus- und Erwerbsarbeit zwischen Frauen und Männern, nach der Vereinbarkeit von Kindern und Beruf birgt auf der einen Seite viele Chancen, aber auf der anderen Seite auch ein hohes Konfliktpotential in sich. Letzteres erhöht sich heute vor allem dadurch, daß viele Veränderungen in der Rollenaufteilung zwar beiden Partnern plausibel erscheinen, jedoch die tief verwurzelte Sozialisation des traditionellen Verhaltens von Männern und Frauen dabei als hinderlich erfahren wird.

- In die Zeit der 60er Jahre gehören auch die sexuelle Liberalisierung und die Möglichkeit planbarer Elternschaft durch die Pille. Sexualität und Nachkommenschaft waren somit entkoppelt, eine Entwicklung, die großen Einfluß auf die Entstehung neuer Modelle in Paarbeziehungen hatte.

- Ein weiteres Kennzeichen des Modernisierungsprozesses der Gesellschaft ist die Veränderung in der Wertorientierung. Galt bis in die 60er Jahre in hohem Maße der Aspekt der Pflichterfüllung in der Ehe, so nehmen heute der Aspekt der Selbstentfaltung und der Wunsch nach wirklich gelebter Gleichberechtigung in der Partnerschaft größeren Raum ein. Die Ehe ist heute für Frauen keine Lebensversicherung mehr und auch nicht länger ein kostenloser Service für den Mann. Der vorrangige Anspruch heißt heute „Liebe leben", eine Familie gründen und die damit zusammenhängende Erfüllung emotionaler Bedürfnisse wie Sicherheit, Geborgenheit, Nähe, ein Zuhause.

- Die eigentliche Familienphase, in der Eltern wegen Kleinkindern besonders angebunden sind, ist heute auf ein ganzes Leben hin gesehen nur eine relativ kurze Zeitspanne. So ist die Herausforderung gerade auch für Frauen groß, nach der aktiveren Mutterrolle neue und auch befriedigende Arbeitsfelder für die verbleibende zweite Lebenshälfte zu suchen.

Die hier kurz und sicherlich nur in groben Zügen aufgezeigte Entwicklung einer Pluralisierung von Lebensmöglichkeiten auf der einen Seite und immer größer werdender Individualisierung auf der anderen Seite ist in sich nicht mehr umkehrbar. Sie ist vielmehr Ausdruck von sozialen und gesellschaftlich vielschichtigen Wandlungsprozessen, die uns alle betreffen. Deshalb finde ich es notwendig, die Frage von Trennung und Scheidung auch auf diesem Hintergrund zu sehen und nicht ausschließlich individuell zu betrachten.
Gerne wird heute sehr verallgemeinernd von „viel zu schnellen und unüberlegten Trennungen oder Scheidungen" gesprochen. Häufig trifft gerade Frauen verdeckt oder offen der Vorwurf, sie seien es, die sich auf Kosten der Männer und der Kinder nur selber verwirklichen wollen.

Ich arbeite jetzt seit fünfzehn Jahren immer wieder in den verschiedensten Männer Zusammenhängen mit Frauen und Männern, die durch Beziehungskrisen hindurch sich und ihr Leben verändert haben. Für die einen ist eine Fortführung der dann auch veränderten Beziehung möglich, für andere ist Trennung und auch Scheidung ein notwendiger Schritt, damit jede und jeder ihren oder seinen Weg gut weitergehen kann. Auch wenn ich nicht hundertprozentig das Gegenteil ausschließen kann, so ist mir noch kein einziges Paar begegnet, das sich leichtfertig getrennt hätte, vor allem dann, wenn Kinder mitbeteiligt waren. Trennungsprozesse zeigen sich fast immer als lang andauernde, wechselhafte und sehr ambivalente Prozesse, in denen sich der Wunsch nach Trennung und die Sehnsucht, die Beziehung doch weiter leben zu können, immer wieder abwechseln und auch zu widersprechen scheinen.

## Chancen und Herausforderungen

*„Als Michael mich wegen einer anderen Frau verließ, brach für mich meine ganze bisherige Welt zusammen. (...)*
*Wir lebten gerade ein knappes Jahr in unserem neuen Haus. Wir waren hoch verschuldet. Anika und Jens waren gerade in die Schule gekommen. Ich fiel wie aus allen Wolken knallhart auf die Erde. Michael hatte wohl große Schuldgefühle uns gegenüber, konnte oder wollte dennoch nicht die neue Beziehung aufgeben. (...)*
*Ich bin mit den Kindern dann in eine kleinere Wohnung gezogen und habe ganz neu anfangen müssen. Monatelang war ich wie gelähmt, tief verletzt und fiel in ein tiefes Loch. Erst ganz langsam, nach und nach war ich in der Lage, meinen Alltag wieder in die Hand zu nehmen. Ohne die Unterstützung eines Treffpunktes für Alleinerziehende in der Nachbargemeinde hätte ich das nie geschafft. (...)*
*Heute kann ich sagen, daß ich ohne diese für mich und die Kinder sehr schwierige Zeit nicht die geworden wäre, die ich heute bin. Ich bin irgendwie selbstbewußter geworden, komischerweise auch lebensfroher. Ich habe mehr Freunde und Freundinnen als früher.*
*Vor acht Jahren hätte ich mir das alles, was ich heute in meinem Job, mit den Kindern und dem Haushalt leiste, niemals zugetraut. Ich stehe meine Frau. (...)*
*Michael kümmert sich jetzt wieder mehr um die Kinder. Auch zwischen uns ist es besser geworden. Er ist wieder verheiratet und hat noch ein neues Kind bekommen. Ich wünsche mir auch wieder einen Partner. Aber ich möchte nie mehr so leben wie früher. Ich habe größere Ansprüche an einen Mann. Wie genau ich mit jemandem eine Beziehung gestalten wollte, weiß ich gar nicht mehr so genau. (...)" (Claudia, 34 Jahre)*

Keine andere Lebensform hat in den letzten Jahrzehnten die geltenden kirchlichen und gesellschaftlichen Leitbilder von Eheleben so in Frage gestellt wie die der geschiedenen alleinerziehenden Frauen mit ihren Kindern. Der meistens vorhandene Wunsch, nach einer Zeit doch eine neue Partnerschaft aufbauen und dabei ein gelingendes Familienleben haben zu wollen, hat in Folge der hohen Scheidungszahlen die möglichen Konstellationen von Lebens- und Familienformen verändert und erweitert. Die heute existierende Vielfalt zeigt genau das.
Vor allem Frauen haben diese Entwicklung auf dem Hintergrund der vorhin geschilderten gesellschaftlichen Veränderungsprozesse nach vorne getrieben. Ihre Lebenssituation hat sich weitaus mehr verändert als die der Männer. Die Ansprüche an einen neuen Partner und an die Gestaltung von Alltagsleben sind vor allem nach erfolgten Trennungskrisen bei Frauen gestiegen. So fragen sie Männer in ihrem Rollenverständnis an und fordern auch diese zu konkreten und erlebbaren Veränderungen heraus.
In den von mir geführten Gesprächen mit Frauen über ihre Vor- und Nachteile, ihre Chancen und Herausforderungen in und nach einer Trennung standen eindeutig die neu gewonnene Eigenständigkeit und ein besseres Selbstwertgefühl an erster Stelle. Dieser für jede einzelne Frau oft mühsame Entwicklungsprozess wird auch in breiter angelegten weiteren Untersuchungen bestätigt. (4)
Aus Mangel an Vorbildern und aufgrund der eher einseitigen Leitbilder übernehmen Frauen auch heute noch häufig völlig unhinterfragt zu Beginn einer Ehe die eher traditionelle Frauenrolle, beugen sich den gesellschaftlichen Vorgaben und manchmal auch Zwängen, so z.B. der real nicht oder sehr wenig vorhandenen Wahlfreiheit zwischen verschiedenen Familienrollen. Solange beide, Partner und Partnerin, mit dieser Aufteilung zufrieden und glücklich sind, wird es wenig Probleme diesbezüglich geben. Doch widersprechen häufig die traditionellen Rollen den veränderten und auch potentiellen Entwicklungsmöglichkeiten. Dies wird sowohl von Frauen als auch von immer mehr Männern als verunsichernd erlebt.
Aufgrund der verschiedensten Umstände, Unzufriedenheiten im Blick auf eine wirklich partnerschaftliche Aufgabenteilung und anderes mehr, stellen Frauen die letztlich beide Geschlechter einengenden Rollenbilder in Frage. Sie erleben in der Zeit des Alleinlebens nach einer Scheidung, daß sie weitaus mehr Fähigkeiten umsetzen und auch neu entwickeln können, als das vorher der Fall war. Vor allem jene Frauen und Männer, die sehr jung eine Ehe geschlossen haben, hatten oft wenig Möglichkeiten, unabhängig von Mutter und Vater eine gewisse Eigenständigkeit zu erwerben. Sie suchten häufig, kaum aus dem Elternhaus ausgezogen und noch nicht genügend von diesem abgelöst, im Gegenüber des Partners oder der Partnerin Bedürfnisse abzudecken, deren Befriedigung sie sich eigentlich von ihren Eltern gewünscht hätten, oder suchten gerade die Bestätigung der alten Verhaltensmuster.

*„Mein erster Freund und dann damaliger Ehemann hat vieles genau so gemacht wie mein Vater. Ich war schon mit ihm zusammen, als ich von zu Hause auszog, so daß der Übergang für mich nahtlos war. (...)*
*Mein Vater hat eigentlich immer über mich bestimmt. Von klein auf wußte er besser als ich, was ich als Mädchen oder Jugendliche zu tun hatte. (...)*
*Ich wußte bis vor kurzem gar nicht richtig, daß ich auch wirklich alleine entscheiden kann und für meine Entscheidungen Verantwortung übernehmen muß und darf.*
*Günther hat es genau wie mein Vater gemacht. Er nahm das Zepter in die Hand. Klar, er hat es gut gemeint, hat wahrscheinlich auch gelernt bei sich zu Hause, daß es so geht mit Frauen. Aber das konnte letztlich nicht gutgehen. Egal, ob Günther oder irgendjemand anders - ich mußte mich von diesem Mann trennen und somit endlich auch von meinem Vater. Wie hätte ich sonst aus der Kinderrolle aussteigen und endlich erwachsen werden können? (...)*
*Aus heutiger Sicht würde ich sagen, daß es ein Fehler war, ihn zu heiraten. Aber auf der anderen Seite mußte es wohl so sein. Sonst wäre ich nicht an diesem Punkt meiner heutigen Entwicklung.*
*Mein größter Wunsch: Ich möchte endlich über mein Leben selber bestimmen können. Dazu gehört natürlich auch meine Sexualität. Erst ganz langsam begreife ich, daß ich eine eigene habe." (Edith, 47 Jahre)*

Diesen Frauen kann möglicherweise eine Loslösung von und Auseinandersetzung mit dem eigenen Elternhaus erst durch eine Trennung vom Partner gelingen, um so notwendige Entwicklungsschritte gehen zu können. Neues anfangen zu können, setzt immer einen Abschied von alten Verhaltensmustern voraus. Manchmal scheint es so zu sein, daß dieser Abschied nur durch eine Scheidung vom Partner geschehen kann, auch wenn dies nicht immer so sein muß.
Mehrere Frauen betonten, daß sie durch die Trennung vom Partner begonnen haben, ihre eigene Lebensgeschichte noch einmal anzuschauen. Sie entdeckten dabei ihre erlernten, persönlichen Verhaltensmuster und sahen die Notwendigkeit, auch sich selbst zu verändern.

*„Jetzt weiß ich, daß ich jedem Konflikt aus dem Weg gegangen bin. Wenn wir eine Auseinandersetzung hatten, habe ich mich zurückgezogen, geweint oder einfach nur geschmollt.*
*Ich habe immer gehofft, daß mein Mann mich da schon wieder herauströstet. (...)*
*Heute bin ich in der Lage, zu sagen, was ist oder was mich stört, auch wenn das für andere oder für mich unangenehm ist." (Maria, 55 Jahre)*

Einige Frauen erwähnten in unseren Gesprächen, daß ihre Konfliktfähigkeit und auch insgesamt ihre Kommunikationsfähigkeit sehr viel besser seien als vor der Scheidung.
Viele dieser Frauen haben dies nicht von alleine gelernt, sondern durch den oft jahrelangen Besuch von Gruppen Geschiedener oder Treffpunkten Alleinerziehender. Manche suchten parallel dazu auch eine Beratung oder Therapie auf, um durch professionelle Unterstützung die Krise bewältigen zu können.

*„Das Verhältnis zu meinen Kindern ist heute besser als früher.*
*Ich bemuttere nicht mehr so viel, habe dafür auch keine Zeit mehr. Ich fordere sie mehr heraus, auch Verantwortung im Haushalt, beim Kochen und Einkaufen zu übernehmen. Ich glaube schon, daß die drei letztlich auch davon profitieren, daß ich sie nicht mehr so unendlich umsorge." (Karin, 35 Jahre)*

Wenn ich in diesem Artikel explizit die Chancen betone, die gerade Frauen nach einer Trennung oder Scheidung für sich entdecken, so geht es mir nicht darum, die auch vorhandenen Schwierigkeiten zu leugnen, der Frauen, Männer und Kinder in einer Trennungsphase begegnen und die sie zu bewältigen haben. Doch auch wenn Trennungsschmerz und das Sich-neu-Finden alleine oder im Zusammenleben mit Kindern ihre Zeit benötigen, Elternverantwortung neu verteilt und der Alltag neu organisiert werden muß, dauert auch diese Zeit keine Ewigkeit, sowie keine Krisensituation ewig andauert.
Viel zu sehr werden gerade die Schwierigkeiten von Presse und Öffentlichkeit betont, so als dürfte es nicht sein, daß Frauen und Kinder auch nach einer Ehe ein erfülltes, glückliches Leben haben können. Das Interesse z.B. an zufriedenen Alleinerziehenden, die mit ihren Kindern und mit oder ohne neuen Partner leben, ist auffallend gering. Das alt bekannte Bild der zu bedauernden, aber doch tapferen Mutter ist verbreiteter und vielleicht sogar auch beliebter.
Untersuchungen, die bewußt über die erste kritische Phase einer Trennung hinausgehen, haben festgestellt, daß gerade Alleinerziehende an der Veränderung von Familienleitbildern bzw. Rollenverhalten mit der Entwicklung eigener Kompetenzen einen nennenswerten Beitrag geleistet haben und dies auch weiterhin tun. Auch wenn dieser statistisch gesehen kaum zu erfassen ist, sind hier einige Facetten genannt, die die bereits erwähnten individuelleren Faktoren in einen größeren gesellschaftlichen Zusammenhang stellen und somit eine Chance für das Zusammenleben von Frauen, Männern und Kindern überhaupt sein können (5):
- Frauen bleiben nach einer Trennung in neuen Partnerschaften unabhängiger und suchen verstärkt nach gleichberechtigten Beziehungsformen.

- Frauen wirken dem oft immer noch anzutreffenden Klischee entgegen, sie könnten sich nur im Schatten der Männer verwirklichen.
- Mit ihrem hohen Engagement in Selbsthilfegruppen oder Verbänden ermutigen Geschiedene und Alleinerziehende andere Frauen, Schritte in die Öffentlichkeit zu wagen.
- Alleinerziehende Frauen haben in der Regel einen partnerschaftlicheren Erziehungsstil, der Kinder mit ihren Kompetenzen auch herausfordert. Kinder Alleinerziehender haben zudem die Möglichkeit, Frauen- und Männerkompetenzen abseits traditionellen geschlechtsspezifischen Rollenverhaltens kennenzulernen. Das heißt, daß sie sowohl selbstbewußte, unabhängige Frauen erleben können als auch Männer, die sich um ihre Bedürfnisse kümmern und nicht dem weitläufigen Bild des abwesenden Vaters entsprechen, so wie es in der traditionellen Kleinfamilie häufig der Fall ist.

Es geht hier nicht um eine versteckte oder offene neue Idealisierung einer bestimmten Lebens- oder Familienform, sondern darum, die Kompetenzen und Ressourcen anzuerkennen, die Frauen mit ihren Kindern nach einer Trennung und Scheidung entwickeln.
Jede Lebens- und Familienform birgt letztlich in sich Chancen und Probleme, Chancen und Herausforderungen, denen sich jedes Mitglied stellen muß. Die Herausforderung für alle Formen ist sicherlich die, wie offen oder verschlossen die Menschen darin für Neues, für Veränderungen und Wachstum sind. Trennung und Scheidung einer Ehe ist gewiß keine Voraussetzung dafür, daß Veränderung geschehen kann; und dennoch ist sie für viele die ihnen erscheinende einzige Möglichkeit, diese leben zu können. Darum gilt es letztlich, dies zu achten und beteiligte Menschen dabei zu unterstützen, ihr Leben wieder gut gestalten zu können. Diese Herausforderung meint uns alle in unseren verschiedenen Rollen: als Eltern, als NachbarInnen, als Verwandte, als SeelsorgerInnen u.v.m.
Die hohe Zahl von Ehescheidungen, der starke gesellschaftliche Wandel der letzten Jahrzehnte, das immerwährende Suchen von Menschen nach Formen des Zusammenlebens, in denen Beziehung gelingen kann, sind immer auch eine Anfrage an die von Kirche, Gesellschaft, Funk, Fernsehen und Werbung vermittelten Leitbilder von Ehe- und Beziehungsleben überhaupt. Diese zu verändern, jedenfalls aber Platz für plurale Bilder zu schaffen, bleibt eine häufig noch uneingelöste Aufgabe.

## Anmerkungen

1. Vgl. Bundesministerium für Familie, Senioren, Frauen und Jugend: Die Familie im Spiegel der amtlichen Statistik, Bonn 1997, S. 75 ff.
2. An dieser Stelle möchte ich mich bei den betreffenden Frauen bedanken, deren Erfahrungen von mir nur sehr gekürzt hier wiedergegeben werden können. Ihre Namen und persönlichen Angaben habe ich bewußt verändert.
3. Vgl. *Barbara Keddi*, Lebensformen - Lebensentwürfe von Frauen heute, Vortrag auf der Klausurtagung der Kath. Frauengemeinschaft Deutschlands, Juni 1992, unveröffentlichtes Manuskript, S. 13 ff. und *Sibylle Meyer/ Eva Schulze*: Balancen des Glücks, München 1989. S. 11-28.
4. Vgl. *Anita Heiliger,* Alleinerziehen als Befreiung, Pfaffenweiler 1991; *Rosemarie Nave-Herz u. a. (Hg.),* Scheidungsursachen im Wandel, Bielefeld 1990, S. 47-140; *Sibylle Meyer/Eva Schulze*: Balancen des Glücks, München 1989, S. 104-152.
5. Vgl. a.a.O.

## Literaturverzeichnis


- *Katrin Ader /Jörg Engelmann* u.a. (Hrsg): Wie auf Erden, so im Himmel. Lebensformen in der Diskussion, Darmstadt 1995
- Bundesministerium für Familie, Senioren, Frauen und Jugend: Die Familie im Spiegel der amtlichen Statistik, Bonn 1997
- *Anita Heiliger*: Alleinerziehen als Befreiung, Pfaffenweiler 1991
- *Barbara Keddi*: Lebensformen - Lebensentwürfe von Frauen heute, Vortrag auf der Klausurtagung der Kath. Frauengemeinschaft Deutschlands, Juni 1992, unveröffentlichtes Manuskript
- *Sibylle Meyer / Eva Schulze*: Balancen des Glücks, München 1989
- *Rosemarie Nave-Herz* u.a. (Hrsg.): Scheidungsursachen im Wandel, Bielefeld 1990
- *Erika Spiegel*: Lebenssituation und Lebensplanung alleinerziehender Mütter und Väter, in: Institut für Frau und Gesellschaft (Hg.), Zeitschrift für Frauenforschung, 1 u. 2, 1997

# Was Kindern hilft, wenn ihre Eltern sich trennen*

*Elisabeth Mackscheidt*

In verallgemeinernder Weise etwas zur Situation der Kinder, deren Eltern sich trennen, zu sagen, birgt eine doppelte Gefahr in sich: Zum einen liegt es nahe, vor allem auf die Schmerzen hinzuweisen, die eine solche Familienkrise für die Kinder mit sich bringt. Wir kennen vielfältige Reaktionen von Kindern auf Trennung und Scheidung. Da sind der ängstliche Rückzug oder die erhöhte Aggression mancher Kleinkinder; die Phantasie vor allem der Drei- bis Sechsjährigen, die Trennung selbst verursacht zu haben; die anhaltende Trauer der Sieben- oder Achtjährigen; manche Zukunftsängste und Schamgefühle der Neun- bis Zwölfjährigen bis hin zu dem heftigen Zorn der Pubertierenden - um nur einige typische Reaktionen zu nennen. Die Gefahr einer solchen Aufzählung sehe ich darin, daß dabei leicht vergessen wird, daß die Alternative zur Trennung für diese Kinder oft die ist, dauerhaft in ein äußerst spannungsreiches eheliches Konfliktfeld eingebunden zu sein. Vor allem aber darf man aus solchen, manchmal durchaus gravierenden Reaktionen nicht den voreiligen Schluß ziehen, daß Kinder aus geschiedenen Ehen gewissermaßen prinzipiell langfristig in ihrer Entwicklung behindert werden. Auch „Symptome" sind aktive Bewältigungsstrategien eines Kindes; sie sind zunächst ein Hinweis auf dessen kreative, produktive Kräfte, auf eine schwierige familiäre Situation zu antworten. Wenn jedoch die Umwelt einer Familie davon ausgehen würde, daß die Chancen dieser Kinder, gesunde, lebensfrohe Erwachsene zu werden, erheblich reduziert sind, so könnte gerade diese Einschätzung selbst zu einer Zuschreibung werden, die die Entwicklung der Kinder dann allerdings in der Tat erschweren würde.

Genausowenig hilfreich aber wäre es, die Probleme der Kinder zu bagatellisieren. Allzuleicht sind die Kinder diejenigen, die bei dem ganzen Scheidungsvorgang aus dem Blick geraten, weil die Verarbeitung des Paarkonfliktes und die Identitätskrise, die die Trennung bei einem oder auch bei beiden Partnern auslösen kann, die Partner selbst viel Kraft kosten. Konstruktiv ist es jedenfalls, die Frage zu stellen, wie das nähere und weitere Umfeld einer Familie, in der die Eheleute oder auch die in nichtehelicher Lebensgemeinschaft zusammenlebenden Partner sich trennen, den Kindern bei der Verarbeitung der Trennung helfen kann.

Für menschliche Entwicklung überhaupt gilt, daß nicht die schmerzlichen Erlebnisse selbst es sind, die langfristig entwicklungshemmend wirken, sondern Situationen, die dazu führen, daß wir die Gefühle, die schmerzliche

* Überarbeitete Fassung des Artikels „Was Kindern hilft, wenn ihre Eltern sich trennen. Eine Herausforderung für die Pastoral, in: Pastoralblatt 11/ 1993, S. 333 - 343.

Erlebnisse bei uns auslösen, dauerhaft meinen verdrängen zu müssen. So ist schon viel gewonnen, wenn die Kinder in dieser Zeit Menschen begegnen, die es verstehen und aushalten, wenn sie sich traurig zurückziehen, aggressiv werden oder vorübergehend ein Verhalten zeigen, das eigentlich einer früheren Stufe ihrer Entwicklung entsprechen würde. Denn wirklich schwierig wird es für ein Kind erst dann, wenn seine Reaktionen selbst wieder Abwendung statt Zuwendung hervorrufen. Natürlich kann auch bei Kindern ein Gefühl der Erleichterung aufkommen, daß die familiäre Situation sich klärt. Dennoch: Die starke und manchmal auch plötzliche Veränderung des Zusammenlebens bringt Trauer, Verunsicherung, Angst und Wut mit sich. Das stellt zunächst Anforderungen an das sich trennende Paar selbst. Doch jede stabile Beziehung, die wir als Verwandte, Freunde, Nachbarn und auch im Leben der Pfarrgemeinde oder z.B. einer Familienbildungsstätte zu den Kindern in dieser Zeit aufrechterhalten, ist hilfreich für sie - insbesondere dann, wenn wir nicht nur Verständnis für die aktuelle Situation zeigen, sondern auch Signale geben, die den Kindern deutlich machen, daß wir sehr wohl Zutrauen zu ihrem weiteren Lebensweg haben und daß wir auch die Entwicklungschancen sehen, die für alle Familienmitglieder in der Bewältigung der Krise liegen.

Dazu gehört u.a., daß wir in unserer Katechese nicht ein Familienbild voraussetzen, das angesichts des heutigen Wandels der Familienstrukturen nur noch einem Teil der Kinder das Gefühl geben kann, in einer „normalen" Familie zu leben. Kinder brauchen ein Mindestmaß an Normalitätsgefühl im Blick auf ihre eigene Familie, um eine gesunde Identität innerhalb der Gesellschaft aufbauen zu können. In der Treffpunktarbeit oder bei Wochenendseminaren für Alleinerziehende konnte ich immer wieder die Erfahrung machen, wie entlastend allein schon das Erlebnis sein kann, unter lauter Kindern zu sein, deren Familie eine vergleichbare Struktur hat. Da Kinder nach einer Trennung vor allem den Wunsch haben, ihrer Beziehung zu beiden Eltern weiterhin Raum geben zu können, ist es in der Regel auch entlastend für die Kinder, wenn sie dabei mitbekommen, daß wir die außerhalb der Familie lebenden Väter oder Mütter in ihrer elterlichen Funktion ernst nehmen. Als ein besonders deutliches Zeichen der Wertschätzung ihrer Familie empfinden Kinder es, wenn ihre alleinerziehende Mutter (ihr Vater) nicht nur in einer Gruppe Alleinerziehender die Kirche als Heimat erlebt, sondern der Mutter auch eine öffentliche Aufgabe in der Pfarrgemeinde übertragen wird, im Pfarrgemeinderat oder Kirchenvorstand, als Lektorin oder Katechetin oder auch im Vorstand eines Verbandes. Auf die Mitarbeit ihrer geschiedenen Mitglieder kann eine Pfarrgemeinde im übrigen ja schon um deren Kompetenz willen gar nicht verzichten.

Insgesamt dürfen wir davon ausgehen, daß die entscheidende Hilfe für die Kinder diejenige ist, die wir ihren *Eltern* zukommen lassen. Kinder fühlen sich nämlich immer - nicht nur im Trennungsfall - herausgefordert, Sorge zu übernehmen für ihre Eltern; das ist eine grundlegende Erfahrung der Familientherapie. Wenn Kinder die Trennung ihrer Eltern erleben, haben sie Angst um das Wohlergehen ihrer Eltern, insbesondere im Blick auf den Elternteil, den sie für den schutzbedürftigeren halten. Was Kinder sagen und tun, können wir gerade in Zeiten einer Familienkrise nur verstehen, wenn wir mitbedenken, daß Kinder bewußt und vor allem unbewußt ihren Eltern helfen möchten, und dies oft gerade auch mit ihrem „störenden" Verhalten. So kann z.B. ein besonders aggressives Verhalten eines Kindes nach der Trennung seiner Eltern vielfältige Gründe haben: eine unmittelbare Enttäuschungswut; eine Reaktion der Ohnmacht; ein Versuch vielleicht, den abwesenden Elternteil, wenn das Kind ihn als aggressiv erlebt hat, in der Familie zu repräsentieren oder über eine gemeinsame Besorgnis die Eltern wieder zusammenzuführen - um nur einige Möglichkeiten zu nennen; es kann aber auch dem Bedürfnis entspringen, so viel „trouble" zu machen, daß z.B. die Mutter, die noch sehr unter der Trennung leidet, gar keine Zeit hat, in Traurigkeit zu verfallen; daß möglicherweise der Vater selber ihr hilft oder Hilfe von außen mobilisiert wird. Andere Kinder wiederum wenden sich ihrer Mutter oder ihrem Vater als tröstender, haltgebender Gesprächspartner zu; sie werden gewissermaßen zu Eltern ihrer Eltern - oft ist es eher dies, als daß sie ein eigentlicher „Partnerersatz" würden. Vielleicht fühlen sie sich sogar herausgefordert, die anstrengende Rolle des Schiedsrichters zu übernehmen, auch wenn sie selber dabei mit Schuldgefühlen zurückbleiben.

Mit diesen Ausführungen möchte ich natürlich nicht zu einer schnellen Diagnostik von kindlichem Verhalten bei Trennung und Scheidung auffordern. Die Situationen nach Trennungen sind so vielfältig, wie Familienleben es überhaupt ist, und das, was Kinder nach einer Trennung fühlen und bewältigen müssen, ist in hohem Maße von dem bestimmt, was sie vor der Trennung im Familienleben erfahren haben. Mein Hinweis auf die Sorge der Kinder um ihre Eltern, auf die Last, die Kinder sich auferlegen, wenn sie versuchen, für die ganze Familie die Krise zu bewältigen, soll vielmehr deutlich machen, daß man den Kindern in erster Linie dann hilft, wenn man ihren Eltern hilft. Das heißt konkret: Wenn wir in unseren Pfarrgemeinden das Thema „Scheidung" nicht tabuisieren, sondern Trauer nach Trennung mittragen; wenn wir die Isolierung Geschiedener nicht noch verstärken, sondern Geschiedene in allen pfarrlichen Gruppen und Gremien willkommen heißen und sie für die Zeit der Trennungsverarbeitung vielleicht auch noch zu eigenen Treffpunkten einladen; wenn wir Verständnis für starke Gefühlsschwankungen nach einer Trennung haben, da oft gleichzeitig Verlust und Befreiung empfunden werden; wenn wir die große Leistung alleinerziehender Mütter und Väter anerkennen und im Blick auf die außerhalb der Familie lebenden Väter (Mütter) die elterliche „Liebe aus

der Ferne" hochschätzen; wenn wir Eltern, die sich trennen, ermutigen, sich eine qualifizierte beraterische Plattform zu gönnen für die vielen Fragen, die gemeinsam zu regeln sind; und wenn wir nicht zuletzt, z.B. durch Unterstützung bei der Wohnungssuche oder durch Babysitterdienste, praktische Hilfen anbieten - immer dann helfen wir sehr unmittelbar auch den Kindern.
Ich denke aber vor allem auch an die Notwendigkeit, in heilsamer Weise mit dem Thema „Schuld und Schuldgefühle" umzugehen. Für die Entwicklung der Kinder ist von vorrangiger Bedeutung, ob Vater und Mutter es wagen können, sich als Subjekt ihrer Lebensgeschichte, auch ihrer Trennungsgeschichte, zu verstehen, so daß ihre Kräfte nicht in Selbst- oder Fremdanklage gebunden bleiben; ob sie es wagen können, sich dem Ende ihrer Paarbeziehung zu stellen, so daß sie dieses Ende zu betrauern vermögen und sich den Zukunftschancen ihrer Familie zuwenden; ob sie es also wagen können, die volle Verantwortung für die Trennung und für die Reorganisation der Familie nach der Trennung zu übernehmen, so daß die Kinder von dem Druck entlastet werden, selber Lösungen finden zu müssen. Es müßte doch uns Christen auszeichnen, daß für uns Schuld immer schon im Horizont von Versöhnung steht - daß wir einander ermöglichen, Schuld in unser Bild von uns selbst zu integrieren. Die Erfahrung lehrt aber auch, daß gerade bei Partnerschaften, die als dauerhafte Lebensgemeinschaften entworfen waren, Trennungen viel mit unbewußten Verstrickungen, mit Grenzsituationen zu tun haben, bei denen es nicht so sehr um die Frage moralischer Schuld geht, sondern um notwendig gewordene Entscheidungen und doch gleichzeitig um die Schwierigkeit, sich selber in diesem Vorgang als loyal zu erleben.

Loyalität meint die Verbundenheit der Familienmitglieder miteinander, die bewußte und vor allem auch unbewußte Übernahme der Verpflichtung, Sorge zu tragen für das Wohlergehen des anderen. Dabei geht die Richtung der Loyalität sowohl von den Eltern zu den Kindern als auch von den Kindern zu den Eltern. Wir Menschen sind fähig und bereit, in dem Zusammenhang, in dem wir aufwachsen, existentielle Bindungen einzugehen, Sorge füreinander zu übernehmen. In der unbewußten Dynamik wirken offenbar besonders stark die Loyalitätsbindungen zwischen den Generationen; doch auch zur Übernahme neuer Loyalitäten - nicht zuletzt in Partnerschaften - sind wir fähig und bereit. Theologisch gesehen ist dies alles nicht überraschend. Der Mensch ist als Geschöpf und Ebenbild Gottes und, wie wir Christen glauben, als jemand, der immer schon vom Heilswillen Gottes umfangen ist, im Kern gerade nicht ein mörderisch-egoistisches Wesen, sondern zutiefst auf Liebe und Solidarität hin angelegt. Familientherapeuten würden sagen: Wir haben ein nahezu unzerstörbares Bedürfnis, uns loyal zu verhalten. Oft allerdings machen wir dabei merkwürdige und in der Tat auch destruktive Dinge, zum Schaden der eigenen Person und anderer Menschen. Vielleicht liegt eher darin die Begrenztheit, Gefährdung und Gefährlichkeit unserer irdischen Existenz.

Was aber macht es Menschen so schwer, sich in einem Trennungsprozeß persönlich als loyal zu erleben? Was hindert sie daran, sich ein gutes Selbstwertgefühl zu erhalten oder dahin zurückzufinden? Was erschwert es ihnen, sich als Subjekt ihrer Scheidungsgeschichte zu verstehen und ihre elterliche Kompetenz, die gerade in einer solchen Phase familiärer Umstrukturierung so sehr angefordert ist, voll ins Spiel zu bringen?

## Loyalität zwischen Eltern und Kindern

Zunächst ist da bei nahezu allen Eltern, die sich trennen, der tiefe Zweifel, ob sie sich ihren Kindern gegenüber loyal verhalten - oder schlichter gesagt: ob sie trotz der Trennung gute Eltern sind. Gerade die Schuldgefühle den Kindern gegenüber sind es oft, die Eltern daran hindern, wirklich hinzuschauen, wie es denn den Kindern in der Familienkrise geht, die Reaktionen ihrer Kinder realistisch einzuschätzen und nach adäquaten Antworten zu suchen. Ob Eltern das Thema „Kinder" eher verdrängen oder ob sie die Kinder zur machtvollen Schaltstelle des familiären Geschehens werden lassen - beides ist sehr anstrengend für die Kinder. Kinder brauchen Eltern, die Vertrauen in ihre eigene elterliche Kompetenz haben. Nun können Eltern aber sich selbst diese Kompetenz eher zutrauen, vielleicht sogar nur dann zutrauen, wenn auch das Umfeld sie ihnen zutraut. Deshalb müssen wir uns kirchlicherseits fragen, ob wir uns nicht manchmal kontraproduktiv verhalten. Sind wir nicht geneigt, die Scheidung als einen Endpunkt anzusehen, als eine Katastrophe, von der Menschen sich im Grunde nicht mehr erholen, weil sie sozusagen etwas, was im Himmel beschlossen wurde, auf Erden nicht eingelöst haben - ein nie endendes Defizit?!

Es ist einfühlbar, daß eher ein besonders gutes mütterliches oder väterliches Selbstbewußtsein dazu gehört, die Reaktionen des eigenen Kindes auf die Trennung wahrzunehmen, um dann auch angemessen handeln zu können. Einem Kind muß und kann in dieser Situation nicht so geholfen werden, daß es keine Reaktionen zeigt, sondern nur so, daß es seine Reaktionen haben darf. Diese selbst sind ja ein Hinweis auf die Lebendigkeit des Kindes. Und das Bemühen des Kindes, für seine Eltern die Situation zu retten, womit ein Kind sich immer auch überfordert, ist kein pathologischer Vorgang, sondern ein Zeichen für die Fähigkeit des Kindes, Bindungen einzugehen, loyal zu sein, sich kreativ etwas einfallen zu lassen für seine Familie. Es geht nur darum, daß das Kind schrittweise von diesem Druck befreit wird, indem es zunehmend erfährt, daß die Eltern selber die Bewältigung ihrer Situation in die Hand nehmen.

Für denjenigen Elternteil, der nicht mit dem Kind zusammenlebt, ist es erfahrungsgemäß besonders schwierig, sich als guter Vater oder, erst recht, als gute Mutter einzuschätzen - so als könne es nicht eine verantwortliche, von der Liebe zum Kind getragene Entscheidung sein, dem Kind vorrangig die Nähe zum anderen Elternteil zu lassen. Zwar gibt es zweifellos Väter - meistens leben die Kinder ja bei der Mutter, so daß ich hier vor allem auf die Väter eingehen möchte -, die überhaupt erst nach der Trennung so richtig entdecken, wie sie eine gute Beziehung zu ihrem Kind aufbauen können; doch in vielen Fällen geht der Kontakt stark zurück oder wird gar abgebrochen. Ein Grund - sicherlich nicht der einzige - dafür ist, daß es offenbar besonders schwer ist, sich aus dieser Position heraus als ein Vater zu erleben, der die Loyalität seinem Kind gegenüber gewahrt hat. Wie immer es zur Trennung gekommen ist, das Ergebnis ist für diese Väter wie für ihre Kinder, daß die täglichen oder doch jedenfalls ganz häufigen Begegnungen zu Ende sind. Das erzeugt Schuldgefühle, für die andererseits weniger Chancen da sind, sie im Zusammensein mit den Kindern gewissermaßen abzuarbeiten. Darin liegt im übrigen auch eines der Motive für die oft beklagte Überschüttung mit Geschenken. Unterschätzen sollte man allerdings ebenfalls nicht, daß der Entzug des Sorgerechts auch da, wo ein Vater dem nicht widersprochen hat, häufig von ihm nicht nur als nachhaltige Kränkung erlebt wird, sondern ihn auch zweifeln läßt, ob er sich als guter Vater erwiesen hat. Mancher Vater geht davon aus, es seinem Kind schuldig zu sein, um das Sorgerecht zu kämpfen. Es wäre also zu kurz gegriffen, einen Kampf um das Sorgerecht ausschließlich unter dem Gesichtspunkt der Fortsetzung des Partnerkonflikts zu betrachten.

Aber auch die Kinder selbst möchten sich ihren Eltern gegenüber loyal verhalten - und hier liegt wohl das eigentliche Problem; denn entscheidend dafür ist, inwieweit es beiden Eltern gelingt, trotz möglicher Partnerkonflikte den jeweils anderen Elternteil in seiner väterlichen bzw. mütterlichen Funktion zu respektieren. Kinder fühlen sich zerrissen, wenn sie den Eindruck gewinnen, daß es sich nicht verträgt, Vater *und* Mutter zu lieben; wenn sie in sich selbst eine Spaltung vollziehen müssen zwischen der Welt des Vaters und allem, was diese für ihre eigene Identität bedeutet, und der Welt der Mutter. Nicht, daß diese beiden Welten verschieden sind und in gewissem Ausmaß auch unterschiedliche Regeln in ihnen gelten, ist das Problem der Kinder, sondern die Erfahrung einer gegenseitigen Entwertung dieser Welten. Wenn Kinder sich manchmal deutlich auf eine Seite schlagen, so geht das nicht ohne Schuldgefühle; es ist immer nur eine Notlösung für das Kind, eine Sichtweise, die ihm im Moment als die hilfreichste erscheinen mag.

Die Beziehung zwischen dem eigenen Kind und dem jeweils anderen Elternteil zu fördern, ist in den Jahren akuter Trennungsverarbeitung oft schwer. Ich finde, daß viel zu wenig die Rede davon ist, wieviel elterliche Liebe täglich in den Versuch investiert wird, von der eigenen Kränkung abzusehen und dem Kind einen guten Kontakt zum ehemaligen Partner oder zur ehemaligen Partnerin zu ermöglichen, und dies, obwohl man vielleicht befürchtet, daß das, was einem am anderen so störend erscheint, sich auch negativ auf das Kind auswirken könnte. Es ist hilfreich, wenn Eltern, die sich trennen, sich bewußtmachen, daß ausschlaggebend für die Entwicklung eines Kindes - wenn ich es einmal überspitzt ausdrücke - gar nicht so sehr die Frage ist, ob und vor allem wie die Eltern ihr Kind geliebt haben, sondern, ob das *Kind* in jeder Stufe seiner Entwicklung die Möglichkeit hatte, seine Eltern zu lieben. Natürlich läßt sich das nicht einfach voneinander trennen; ich möchte damit vielmehr zum Ausdruck bringen, daß elterliche Liebe vor allem darin besteht, sich zur Verfügung zu stellen für die Liebe des Kindes, für die ganze Palette seiner Gefühle, seine Identifikations- und Abgrenzungswünsche und auch für die Loyalitätsbeweise, die ein Kind beiden Eltern geben möchte. Daß die Kontakte zum außerhalb der Familie lebenden Elternteil u.U. anstrengend sind für alle Familienmitglieder, ist im allgemeinen kein Gegenargument, sondern ein Hinweis darauf, daß die Gefühle, die die Trennung auslöst, auch ihren Ausdruck finden. Zum Glück lehrt ja die Erfahrung, daß belastende Gefühle, die gefühlt werden durften und die von der nahen Umwelt verstanden wurden, sich abmildern oder vorübergehen. Und die Erfahrung lehrt auch, daß gerade diese Kontakte auf Dauer *allen* Familienmitgliedern zugute kommen.

Die bewußte und vor allem unbewußte Sorge von Kindern aus geschiedener Ehe, es möge beiden Eltern wieder gutgehen, sollte auch bei der Diskussion einer Pastoral für wiederverheiratete Geschiedene Berücksichtigung finden. Für die Entwicklung aller Kinder - ob ihre Eltern zusammenbleiben oder sich trennen - ist von hoher Bedeutung, ob die Eltern zu einer befriedigenden, erfüllten Form erwachsenen Lebens finden; denn dies ermöglicht den Kindern, sich ihrer eigenen Entwicklung zuzuwenden. Nun gibt es selbstverständlich viele Formen, als Frau oder Mann in unserer Gesellschaft sein Leben sinnerfüllt zu gestalten. Auch unabhängig von Fragen christlichen Glaubens wäre die Reduktion dieser Formen auf partnerschaftlich sexuell gelebte Zweierbeziehung eine Verarmung unserer Beziehungskultur. Und wenn Geschiedene in tiefer Identifizierung mit Normen der katholischen Kirche und vielleicht aufgrund sehr persönlicher religiöser Entscheidung sich der Aufnahme einer neuen Partnerschaft enthalten, so ist dies ein Beziehungsgeschehen, das den Kindern als eine authentische erwachsene Lebensgestalt erfahrbar werden kann. Wir dürfen aber auch nicht darüber hinwegsehen, daß für sehr viele Menschen die Hoffnung auf ein Gelingen ihres Lebens sich mit der Hoffnung auf eine gute Partnerschaft verknüpft. Für die Kinder ist jedenfalls wichtig, daß sie sich nicht herausgefordert fühlen müssen, gewissermaßen ein Ersatzthema abzugeben, und daß sie, falls ihr Vater oder ihre Mutter sich für eine Zweitehe entscheidet, nicht das Gefühl - das Selbstwertgefühl - verlieren müssen, eine gute Familie zu haben.

## Loyalitätsbindungen zur Herkunftsfamilie

Eine größere Rolle, als gemeinhin thematisiert wird, spielt m.E. im Zusammenhang von Trennung und Scheidung die Frage der Loyalität gegenüber der älteren Generation. Eltern sind ja wiederum Kinder von Eltern. Sie möchten die Aufträge, die ihre Eltern ihnen mitgegeben haben, erfüllen. Und welche Eltern wünschten nicht ihren Kindern eine glückliche, dauerhafte Ehe - was allerdings keineswegs ausschließt, daß ein Elternteil bewußt oder unbewußt zum Scheitern der konkret gelebten Ehe der Tochter oder des Sohnes beigetragen hat. Jedenfalls sind Ehepaare, die sich trennen, oft in der Situation, ihre eigenen Eltern - die vielleicht noch leben oder die in ihnen weiterleben - schwer enttäuscht zu haben. Ein nicht unerheblicher Teil der depressiven Reaktionen auf Trennung und Scheidung hängt mit diesem Gefühl zusammen, sich den eigenen Eltern gegenüber nicht loyal verhalten zu haben. Die Selbstvorwürfe und Wiedergutmachungsbemühungen werden dabei um so einengender erlebt, als die äußere Lebenssituation nach einer Trennung häufig eine stärkere Einbindung in die Herkunftsfamilie nahelegt.

Angesichts der Individualisierung und Privatisierung von Partnerschaft und Ehe könnte man meinen, daß im Familienverband die Frage der Gestaltung der Partnerschaften ein Bereich sei, der nur der jeweiligen Generation selbst überantwortet ist. In der Tat erwartet unsere Gesellschaft schon vom jungen Erwachsenen ein hohes Maß an Autonomie auf diesem Gebiet. Diese Erwartung steht in einem Spannungsverhältnis zu dem Gewicht, das die berufliche und private „Karriere" der erwachsenen Kinder für viele Paare hat. Daß die Kinder häufig gewissermaßen das „Dritte" werden, das Thema, über das die Paarbeziehung der Eltern gelebt wird, ist eine der Konsequenzen, die sich für das Verhältnis der Generationen zueinander aus dem hohen Grad der Ausdifferenzierung unserer Gesellschaft ergeben hat. Zu allen Zeiten haben Kinder versucht, ihre Eltern zu unterstützen. Lange Zeit taten sie es durch ihre Arbeitskraft; oft waren sie die einzige Altersversicherung. Heute versuchen Kinder, zum emotionalen Gleichgewicht ihrer Eltern beizutragen, zur Regelung von Nähe und Distanz in der Ehe ihrer Eltern; denn schon die Generation der heute Fünfzig- bis Sechzigjährigen konnte und kann sich nicht dem Anspruch entziehen, ihr Zusammenbleiben über die aktuell gelebte Liebe zu legitimieren, wobei allerdings gerade die Privatisierung von Ehe ihnen einen großen Spielraum läßt, sehr persönlich zu definieren, was sie unter Liebe verstehen. Häufig gibt es nur noch *ein* Kind in der jungen Generation, so daß dieses allein - bewußt oder unbewußt - die Sorge für das Wohlergehen der Eltern auf seine Schultern nimmt.

Daß Eltern sich in unserer Zeit oft sehr stark auf ihre Kinder konzentrieren und umgekehrt die Kinder sich aus Loyalität zu ihren Eltern als Thema zur Verfügung stellen, führt insgesamt zu einer engen seelischen Verflochtenheit der Generationen einer Familie miteinander. Die gesellschaftlich erwartete Ablösung der jungen Erwachsenen aus ihrer Herkunftsfamilie ist daher ein Vorgang, der keineswegs so selbstverständlich glückt, wie die - vielleicht beklagten, vielleicht bewunderten - „eigenen Wege", die schon Jugendliche gehen, vermuten lassen. Nicht umsonst beschäftigt sich die Familientherapie in Forschung und Praxis viel mit dieser Phase im Familienzyklus.

Im Prozeß der Ablösung bedeutet das Eingehen einer Partnerschaft einen wichtigen Schritt. Dabei wird u.U. gerade ein Partner (eine Partnerin) gewählt, der die Aufträge der Herkunftsfamilie nicht übernimmt, sondern korrigiert, so daß er bei der Distanznahme gegenüber der Herkunftsfamilie Hilfe leistet. Die Paarbegegnungen selbst sind ja so individualisiert, daß die jeweiligen Eltern sich oft überhaupt erst im Zusammenhang mit der Hochzeit kennenlernen; eine Übereinstimmung in den Familienstilen wird nicht mehr vorausgesetzt. Das heißt aber keineswegs, daß die Erwartungen der eigenen Eltern an den Lebensentwurf keine große Rolle mehr spielten. Oft ist es im Gegenteil so, daß das, was zu Beginn der Beziehung das Faszinierende ausmachte, weil es der eigenen Verselbständigung zugute kam, im Laufe der Ehe als Trennendes erlebt wird; denn in der unbewußten Dynamik sind die Loyalitäten in der direkten Abfolge der Generationen - also von den Großeltern zu den Eltern, zu den Kindern und umgekehrt von den Kindern zu den Eltern, zu den Großeltern - die wirksameren im Vergleich zu den neuen Loyalitäten, die wir in Partnerschaften und Freundschaften eingehen. Das hat zur Folge, daß die unterschiedlichen Vorstellungen davon, was gut oder nicht gut ist, über die Paare sich heute verständigen müssen, nicht immer zu einer wachstumsfördernden gegenseitigen Ergänzung führen, sondern u.U. zu Gegensätzen, die als unüberbrückbar erlebt werden, so daß es zur Trennung kommt. Natürlich ist damit nur *einer* der Gründe für heutige Trennungsprozesse beschrieben; doch es entbehrt nicht einer gewissen Tragik, daß auch diejenigen Paare, die im Grunde aus Loyalität zu ihren Herkunftsfamilien und deren Wertvorstellungen sich scheiden lassen, diese Scheidung subjektiv eher als Verrat an den eigenen Eltern erleben. Belastend ist das Bewußtsein, aufgrund der Scheidung einen wichtigen Auftrag der eigenen Vorfahren nicht erfüllt zu haben, insbesondere bei Menschen, die in einem katholischen Milieu aufgewachsen sind, weil die Normabweichung dort so eklatant ist.

Viele Geschiedene wählen in solchen Situationen den konstruktiven Weg, die Trennung vom Partner als Herausforderung zu nehmen, das Verhältnis zur Herkunftsfamilie neu zu überdenken, vielleicht alte Trennungsschritte nachzuholen - manchmal mit professioneller Hilfe. Sie machen die Erfahrung, daß es möglich ist, eigene Wege zu gehen und dennoch seine Eltern zu lieben. Das entlastet im übrigen nicht nur sie selbst, sondern ihr versöhnlicher Blick auf die Beziehung zu den eigenen Eltern ist auch eine gute Basis, wiederum die Kinder zu verstehen.

Nun läßt sich die innere Auseinandersetzung mit Normen der katholischen Kirche selbstverständlich nicht auf ein Generationenproblem reduzieren. Dennoch dürfen wir nicht darüber hinwegsehen, daß gerade die Großelterngeneration, also die Generation der „jungen Alten", von theologischer Seite Hilfestellung braucht, um selber differenziert mit der Erfahrung umgehen zu können, daß die Ehen ihrer erwachsenen Töchter und Söhne nicht mehr die Stabilität aufweisen, die die eigene Ehe wahrscheinlich noch hat. Dazu würde zum einen gehören, nach Anknüpfungspunkten zu suchen, die wir in unserer eigenen christlichen Tradition haben, versöhnlich damit umzugehen, daß unsere ursprünglichen Lebensentwürfe nicht immer glükken, daß wir u.U. auch wichtige Entscheidungen in unserem Leben einer Revision unterziehen. Wir haben ja eine große Tradition im Thematisieren von Scheitern und Neuanfang, von der Akzeptanz einer Begrenztheit und dem Mut zu Weg und Umweg; wissen wir doch, daß wir die Vision Jesu vom Reich Gottes nie ganz einlösen. Dazu würde m.E. aber ebenfalls gehören, daß wir in unserer Kirche vermeiden, auch das als individuelles Versagen anzusehen, was in Wirklichkeit ein strukturelles Problem ist. Es ist unsere *gemeinsame* gesellschaftliche Situation - und Verantwortung -, daß Ehe dauerhaft zu leben, heute schwieriger geworden ist, und wir dürfen dies nicht einfach denen anlasten, die unmittelbar betroffen sind. Die jungen Erwachsenen sollten spüren, daß die ältere Generation anerkennt, welches Wagnis sie eingehen, wenn sie sich unter den heutigen gesellschaftlichen Bedingungen zur Ehe entschließen; und sie sollten darauf vertrauen können, daß sie die Solidarität der älteren Generation erfahren werden, wenn ihre eheliche Beziehung trotz aller Hoffnung auf eine dauerhafte Partnerschaft zu Ende gehen sollte. Um die große psychische Leistung einer Elternschaft nach Trennung erbringen zu können, dafür jedenfalls ist es außerordentlich hilfreich, wenn die eigenen Eltern signalisieren, daß sie nach wie vor Zutrauen in die Liebesfähigkeit und in das Verantwortungsbewußtsein ihrer geschiedenen Tochter oder ihres geschiedenen Sohnes haben, und wenn ihre Freude an der Entwicklung der Enkelkinder nicht plötzlich düstersten Befürchtungen weicht.

In familientherapeutischen Gesprächen hat sich immer wieder gezeigt, daß nicht nur die blanken Fakten verantwortlich dafür sind, ob Menschen ihr familiäres Leben als entwicklungsförderlich erfahren, sondern vor allem auch die Bedeutungen, die ein Familienverband den Erlebnissen gibt. Als sinnstiftende Institutionen haben die Kirchen eine große Verantwortung, den Menschen einen Interpretationsrahmen für ihre familiären Erfahrungen anzubieten, der auch angesichts des heutigen Wandels von Familienstrukturen einen loyalen Umgang der Generationen miteinander und eine gute Elternschaft lebbar macht. Sie werden dabei der Tatsache Rechnung tragen müssen, daß die Menschen in unserer Kultur sich zunehmend herausgefordert sehen, für eine glückbringende Gestaltung von Sexualität, Partnerschaft und Ehe Eigenverantwortung zu übernehmen, und daß dies sie unter neue ethische Anforderungen stellt.

## Loyalitätsproblematik im Verhältnis zum ehemaligen Partner

Das Ende einer Beziehung zwischen Partnern verläuft häufig höchst konflikthaft, mit vielen gegenseitigen Kränkungen und Entwertungen. Gerade Menschen, die sich sehr geliebt haben, machen oft diese schmerzliche Erfahrung. Auch dies ist einer der Gründe dafür, warum es so schwer ist, sich trotz einer Trennung als loyal zu erleben. Viele Partner nehmen mit Bestürzung wahr, daß vor und bei der Trennung der andere und auch sie selbst sich in einer Weise verhalten, die der Geschichte ihrer Beziehung nicht mehr zu entsprechen scheint. Da wäre es wichtig, daß beide Partner verstehen lernen - zumindest auf Dauer verstehen lernen, denn in der akuten Phase geht das wohl schwer -, daß diese Aggression auch ein Versuch ist, sich selbst und dem anderen die Trennung überhaupt zu ermöglichen, wenn denn nun schon die Hoffnung auf eine positive Entwicklung der Beziehung endgültig verlorengegangen ist. Gerade derjenige, der den aktiven Part bei der Beendigung der Beziehung übernommen hat, wird es oft gar nicht aushalten, den anderen gewissermaßen als schmerzvoll Liebenden zurückzulassen; er wird sich vielmehr im Zweifelsfall so schlimm benehmen, daß der andere sich schließlich mit Aggression abgrenzt. Jeder hat die Phantasie, der andere werde Wut leichter überleben als blanke Trauer. Nur ist es sehr schwer, die negativen Zuschreibungen, die man in dieser Phase bekommen hat, nicht in sein Selbstbild aufzunehmen; und andererseits lassen die negativen Zuschreibungen, die man dem anderen gegeben hat, einen an der eigenen Fähigkeit zur Loyalität zweifeln.

Die Situation verschärft sich dann u.U. noch dadurch, daß in der juristischen Auseinandersetzung die gegenseitigen Aggressionen, die in der Paardynamik des Sich-Trennens ihre Funktion haben, buchstäblich festgeschrieben werden - in Schriftsätzen nämlich - und dadurch die destruktiven Momente möglicherweise die bestimmenden werden. Deshalb wäre es wichtig, daß auch von juristischer Seite die Trennung eines Paares als ein prozeßhaftes und ambivalentes Geschehen verstanden wird. In diesem Vorgang kann es äußerst hilfreich sein und ist es häufig geradezu unerläßlich, daß beide Partner von kompetenter Seite über ihre Rechte und Pflichten informiert werden; denn gerade weil die Paardynamik bei Trennung so ambivalent ist, gerade weil Aggressionen und Schuldgefühle

so nahe beieinander liegen, ist alles, was mithilft, eine Lösung für die notwendig gewordenen Regelungen zu finden, die als gerecht empfunden werden kann, von großer Bedeutung. Familienmitglieder haben im allgemeinen feine Antennen dafür, was „gerecht" sein könnte; und oft wird noch in der zweiten oder dritten Generation versucht, „Ungerechtigkeiten" auszugleichen, was dann häufig zu neuen Ungerechtigkeiten und Verletzungen führt. Ziel müßte sein, daß beide Partner das Bewußtsein behalten oder wiedergewinnen, sich dem ehemaligen Partner gegenüber letztlich loyal verhalten zu haben. Gesiegt zu haben, ist keine Kategorie, die in Familiensachen weiterhilft - auch nicht dem Sieger.
Für die notwendige Kooperation eines Elternpaares in der Nachscheidungsphase ist es unumgänglich, zu einem guten Abschied auf der Paarebene zu kommen. Obwohl wir angesichts der Komplexität heutiger Familienstrukturen gewiß auch lernen müssen, zwischen Paarebene und Elternebene zu unterscheiden, so gibt es doch faktisch immer eine Verbindung zwischen diesen beiden Ebenen. Ein Paar, dem es gelingt, der juristischen Trennung auch die emotionale folgen zu lassen, wird eher zu konstruktiven Formen der elterlichen Zusammenarbeit kommen können, wobei die Trauerarbeit allerdings oft eines längeren Zeitraums bedarf. In der Pastoral - ich möchte diesen Begriff hier ganz weit fassen - haben wir m.E. große Möglichkeiten, Menschen bei diesem Abschiednehmen zur Seite zu stehen. Verabschieden kann sich am ehesten der, der im Blick zurück auf die Beziehung die gelebte Liebe wieder schätzen kann; der betrauern - vielleicht auch bereuen - kann, was er schuldig geblieben ist, und dem diese Trauer selbst als Spur seiner Liebe deutlich wird; der Enttäuschung, Wut und vielleicht auch Haßgefühle nicht verdrängen muß und doch nicht die Phantasie entwickeln muß, als könne eine eheliche Beziehung, die zu Ende gegangen ist, nie eine gute Ehe gewesen sein; der zutiefst spürt, daß beim Auseinandergehen keiner die Liebesfähigkeit des anderen gewissermaßen mitweggenommen hat. Selbst erwachsen gewordene Kinder leiden im übrigen noch darunter, wenn ihre Eltern, falls sie sich in späteren Ehejahren trennen, meinen, sie müßten die frühen Jahre ihres Familienlebens nachträglich entwerten. Wenn es auch sehr schmerzlich ist für Kinder, zu erfahren, daß ihre Eltern sich nicht mehr lieben, so bedeutet es ihnen doch schon viel, aus deren Liebe hervorgegangen zu sein.

Für viele Paare wäre es hilfreich, wenn es rituelle Formen gäbe, die ihnen erleichtern würden, sich so zu verabschieden, daß die zurückliegende gemeinsame Zeit in den Entwurf von der eigenen Lebensgeschichte integriert werden kann. Dazu würde auch gehören, dem anderen noch einmal danken zu können. Mir scheint, die große Erfahrung, die wir insbesondere als katholische Kirche darin haben, Lebensprozesse mit Riten zu begleiten und den Menschen dadurch zu helfen, gerade die existentiellen Ereignisse in ihrem Leben unter den Heilszuspruch Gottes zu stellen, haben wir im Zusammenhang von Trennung und Scheidung noch zu wenig genutzt.

Ich denke, es wäre eine juridische Verkürzung unseres Verständnisses vom Sakrament der Ehe, wenn Menschen meinen würden, der Heilszuspruch Gottes, den die Kirche im Ehesakrament in besonderer Weise den Liebenden sichtbar macht, ende da, wo eine Krise nicht durch Wachstum der Beziehung bewältigt wird, sondern zur Trennung führt - so als wäre Gott den Menschen gerade in dieser schweren Zeit nicht ganz nahe; als gelte der Segen, den wir bei der Hochzeit über zukünftige Eltern aussprechen, nicht auch für den mühsamen Weg einer Elternschaft nach Trennung.

**Schlußbemerkung**

Die Erkenntnisse der Familienforschung und Familientherapie, die uns viele Einsichten in die Loyalitätsstrukturen von Familien gebracht haben, kann und sollte die Pastoral in erster Linie für die Ehevorbereitung und Ehebegleitung nutzen. Gerade angesichts der Individualisierung heutiger Partnerwahl und Partnerbeziehung kann es außerordentlich hilfreich sein, wenn Partner ein Verständnis für die Loyalitäten entwickeln, die der jeweils andere zu wahren bemüht ist. Oft ist ja das, was ein Partner am anderen als störend erlebt und ihn an seiner eigenen Liebe zweifeln läßt, für den anderen gerade etwas besonders Kostbares seiner Identität, weil er damit einen alten Auftrag zu erfüllen versucht. Dies gegenseitig zu verstehen und anzuerkennen, kann eine große Entlastung in konflikthafte Situationen bringen und zum Wachstum der ehelichen Beziehung beitragen. Kinder werden von solchen Verständigungsprozessen ihrer Eltern und von der daraus möglicherweise erwachsenden Stabilität der Ehe ihrer Eltern sehr profitieren. Wer viel mit Eltern zusammen ist, die sich haben scheiden lassen, weiß, daß auch diejenigen, die ihr Leben nicht aus dem christlichen Glauben heraus interpretieren, meist nicht für eine Beliebigkeit der Familienstrukturen plädieren, auch wenn sie für sich selbst keinen anderen Weg als die Trennung sahen.

Darüber hinaus kann das Wissen über familiäre Dynamik dazu beitragen, die pastorale Begleitung von Paaren, die sich trennen, weiterzuentwickeln; eine heilsame Pastoral ist besonders notwendig im Blick auf Partner, die gemeinsam Kinder haben. Aber auch einer Pastoral mit wiederverheirateten Geschiedenen könnten solche Einsichten zugute kommen. Ich persönlich bin überzeugt: Je stärker diejenigen, die die Hauptverantwortung für die orientierenden Vorgaben innerhalb der katholischen Kirche haben, sich mit ihrer Wahrnehmung und mit ihrem Verstehen auf die Realität heutiger Trennungsprozesse einlassen, desto eher werden ihnen auch Kräfte zuwachsen, gemeinsam mit allen Gläubigen gute Antworten auf die noch ungelösten Fragen der Pastoral mit wiederverheirateten Geschiedenen zu finden. Die Lebens- und Glaubenserfahrungen der Geschiedenen und der wiederverheirateten Geschiedenen selbst sind dabei eine unverzichtbare Hilfe.

# Ehekrise - Trennung - Scheidung im Evangelischen Pfarrhaus

*Hartmut Miethe*

## Problembeschreibung

In seinem Buch „Kleine evangelische Pastoralethik” leitet Eduard Lohse 1985 sein Kapitel zum Thema Ehe im Pfarrhaus mit einem Rückgriff auf Luthers Eheverständnis von 1541 ein und zitiert diesen mit folgendem Satz: „Da die Ehe von Anfang an als Gottes Gabe den Menschen gesetzt ist, gilt sie als seine Ordnung und Gebot für alle Menschen” (1). Ohne Überleitung konstatiert Lohse: „Dieses evangelische Verständnis der Ehe gilt für jeden Christen, den Pfarrer eingeschlossen” (2). Erschreckend einsilbig und Jahrhunderte überspringend stellt Lohse die Gemeinde und den zeitgenössischen Pfarrerstand unter Luthers Eheverständnis und leugnet damit die vielschichtigen Wandlungsbedingungen, denen das Eheverständnis aus religiösen, soziologischen und ökonomischen Gründen in den letzten Jahrhunderten unterworfen war. - Wer die Norm für die christliche Ehe im 16. Jahrhundert festmacht, verpflichtet in belastender Weise die Gemeinde auf die Vergangenheit. Bestenfalls können wir richtungsweisend von Luther lernen, daß es für die Ehe als Sakrament keinen ausdrücklichen biblischen Beleg gibt. Folgen wir der Argumentation Lohses, so bleibt er, trotz der Erwähnung von vielerlei Spannungen und Problemen der Eheleute, seiner Prämisse treu und verpflichtet die Pfarrerehepaare auf die Unauflöslichkeit der Ehe.

„Es wäre gut, wenn Mann und Frau, die als Pfarrersleute einen Bund fürs Leben geschlossen haben, sich immer wieder - im Gespräch zu zweit, aber auch im Kreis verständnisvoller Freunde - darüber aussprechen, was es heißt, als Christen zusammenzustehen und aneinander um Christi willen festzuhalten. Manchmal hat es schon am Anfang daran gefehlt, daß zwei Menschen, die einander Treue geloben wollen, sich wirklich vor Augen führten, was es heißt, als Pfarrer der Kirche zu dienen, worin dieser Beruf seine unverwechselbare Prägung hat und was dieser Beruf für die Ehe, die Ehe aber auch für die Führung dieses Amtes bedeutet. Man kann nicht von jeder Pfarrfrau - und entsprechend auch nicht von jedem Ehemann einer Pastorin - verlangen, aktiv einen Teil des dem Ehepartner aufgetragenen Berufes auszufüllen” (3).

Wenn auf den ersten Blick diese Sätze auch einleuchten, so steht doch eine sehr normative Einstellung dahinter, die weitgehend heute noch den Wunschträumen kirchenleitender Gremien entspricht, welche häufig so unbeholfen auf die Ehekrisen innerhalb der Pfarrerschaft reagieren. Bestenfalls gilt für die Ehepastoral an Pfarrer und Pfarrerin, was Nicole Kuropka so treffend formuliert: „Es bröckelt in der Mitte, geflickt wird an den Rändern” (4).

Stehen Pfarrer und Pfarrerinnen nach Lohse unter den gleichen Voraussetzungen des Ehegebotes wie die Gemeinde, dann leiden sie in gleicher Weise in den Krisen und haben das nämliche Recht auf eine einfühlsame und situativ-angemessene Krisenbewältigung, wie sie jedem Gemeindemitglied zugestanden wird. Gerade an einer vorbildlichen Ehepastoral an kirchlichen Mitarbeiterinnen und Mitarbeitern könnte die Kirche dokumentieren, daß sie fähig ist, den Wandlungen der Beziehungsmuster seelsorgerlich zu folgen. Weitgehend wird aber die Nichteinlösung der Norm von 1541 immer noch als Scheitern begriffen und als Sünde vor Gott verstanden, die dringend der Scham, der Beichte und Vergebung bedürfe. Daß die zuletzt genannten geistlichen Kategorien Teil einer zeitgemäßen Eheseelsorge sein können, bleibt unbestritten. Sichergestellt muß aber sein, daß diese nicht dazu mißbraucht werden, Menschen auf ein Beziehungsmuster festzulegen, das in der Reformationszeit wegweisend war, heute jedoch nicht mehr als exklusiv verstanden werden kann. Jeder Versuch, die Gemeinde auf ein festes Eheverständnis verpflichten zu wollen, öffnet der Gefahr die Tür, die Ehe doch statisch zu verstehen.
Wenn einerseits in der Gegenwart die Tatsache gilt, daß die Ehe im Pfarrhaus keinen Sonderfall darstellt, so muß doch andererseits berücksichtigt werden, daß das Leben im Pfarrhaus und somit auch das Eheleben einer mehr oder weniger starken Observanz durch die Öffentlichkeit unterliegen. Seit der Reformation hat sich das Evangelische Pfarrhaus zu einer Normen entwickelnden Institution in Stadt und Land herausgebildet. Von der Pfarrfamilie gingen in der Regel in vielfältiger Weise Impulse für die ganze Gemeinde aus, und die Pfarrfamilie verstand ihr vorbildliches Leben als Pflicht und Auftrag vor Gott und der Gemeinde. Krisen im Pfarrhaus, welcher Art auch immer, wurden als Verunsicherung für die ganze Gemeindesituation erlebt. Dieser einst mit Stolz getragenen Vorbildrolle wollen sich heute nur noch wenige Pfarrerinnen und Pfarrer unterwerfen. Das Privatleben soll möglichst abgeschirmt bleiben, kann es aber nicht. Besonders in ländlich strukturierten Gemeinden bleibt das Pfarrhaus Thema des öffentlichen Lebens. Mit einem feinen Gespür für die jeweils anstehenden Veränderungen verfolgt die Gemeinde das Leben im Pfarrhaus und nimmt auch Prozesse wahr, die der Pfarrfamilie selbst noch gar nicht bewußt sind. Immer wieder kann im Nachhinein die Erfahrung gemacht werden, daß die Gemeinde die Risse und Brüche in der Beziehung des Pfarrerehepaares bereits zu einem Zeitpunkt ahnte, als dieses sich noch im sicheren Hafen des Glückes wähnte. Bedauerlich ist, daß die Gemeinde oft keine Möglichkeit besitzt, diese Einsichten den Betroffenen rechtzeitig zu vermitteln. Respekt, Angst vor eigenen Problemen, mangelnde Sprachkompetenz und manchmal ein unverhohlener Voyeurismus („Mal sehen, wie es weitergeht") bilden in vielen Fällen hohe Hürden, um dem Pfarrerehepaar helfend zur Seite zu springen. Diese Hilflosigkeit verstärkt sich in der Zeit der offenen Krise.

Nun kann natürlich von einer Gemeinde, die noch latent am Bild des alten Pfarrhauses festhängt und sich doch eigentlich sehnlich wünscht, daß wenigstens hinter diesen Fenstern die Welt noch in Ordnung und harmonisch sei, keine Seelsorge an den eigenen Pfarrersleuten eingeklagt werden. Wenn solche Seelsorge doch zuweilen geschieht, dann ist dies ein Zeichen von Reife und Kompetenz. Gleichfalls kann auch von dem Pfarrerehepaar nicht erwartet werden, daß es seine Nöte Menschen offenlegt, für deren Nöte sie eigentlich zuständig sind und die ihnen weitgehend fremd sind. Aller Schmerz, alle Kränkungen und Verunsicherungen, bis hin zur Frage eines sich aufdrängenden Stellenwechsels, können nicht vor der ganzen Gemeinde ausgebreitet werden. Es bedürfte deshalb in jeder Landeskirche einer qualifizierten Anlaufstelle, wo das Pfarrerehepaar angstfrei und amtsfrei seine Krise reflektieren kann. Die Seelsorgegespräche mit Amtsträgern (zumal mit den Vorgesetzten) sind leider meist noch zu verengt um die Frage konzentriert, ob man die Pfarrfamilie in der Gemeinde halten könne oder nicht. Dieser erkenntnisleitende Gedanke ist für die betroffene Gemeinde notwendig, wendet aber in der Regel nicht die innere Not der Betroffenen. Zum Glück hat sich die Praxis der automatisch verfügten oder wohlwollend aufgenötigten Versetzungen gelockert. Die Chancen, in der Gemeinde Ehekonflikte und Ehekrisen, ja, sogar Trennungen konstruktiv durchzustehen, sind größer geworden. Ein vertrauensvolles Verhältnis zwischen Pfarrerehepaar und Gemeinde erhöht diese Chancen. Bestehen allerdings im Verhältnis zur Gemeinde auch Spannungen, wird häufig die Krise im Pfarrhaus von der Gemeinde zum Anlaß genommen, die Gesamtsituation zu bereinigen. Der Auszug aus dem Pfarrhaus wird unumgänglich. Oft kommt es also zu einer doppelten Trennung: Das Pfarrerehepaar trennt sich, und die Gemeinde trennt sich von ihrem Pfarrerehepaar. Wo immer es verantwortbar ist, sollte eine Konfliktbewältigung in der Gemeinde angestrebt werden, um zu verdeutlichen, daß Pfarrer und Pfarrfrauen, Pfarrerinnen und Pfarrmänner eben ganz schlicht „auch nur Menschen" sind, wie es oft genug von Gemeindemitgliedern betont wird. Darauf scheint mir trotz der bereits erreichten „Vermenschlichung" noch geachtet werden zu müssen.

**Hilfestellung**

Die evangelische Pfarrfamilie hat als Familie weder in Glück noch in Leid Vorbildfunktion. Die Kirchenleitung kann auch eine solche Funktion nicht anordnen, wohl aber den Pfarrfamilien Hilfestellungen geben, in der besonderen öffentlichen Existenzweise „Pfarrhaus" glücklich zu leben.
Die z.B. von der Evangelischen Kirche in Hessen und Nassau angebotenen Rüstzeiten für Pfarrfamilien sind ein Schritt in die richtige Richtung. Allerdings müßte dieses System wesentlich intensiviert werden. Eine weitere Forderung erhebt sich für die VikarInnen-Ausbildung. In diesem Bereich müßte im Hinblick auf die sehr hohen Erwartungen der Gemeinde an ihre Geistlichen eingeübt werden, auf welche Weise der öffentliche, weit-

gehend übersteigerte Anspruch und die persönlichen Vorstellungen der Pfarrer/Pfarrerinnen, wie denn das Leben im Pfarrhaus zu gestalten sei, in einen realitätsbezogenen Dialog zu bringen sind. Durch Fallstudien und Rollenspiele kann ein Problembewußtsein gewonnen werden und können sich Handlungsmuster entwickeln, die später im Pfarramt hilfreich sind. Leider findet eine derartige „Vorbereitung auf das Leben im Pfarrhaus" in den wenigsten Fällen statt. Vielmehr werden die BerufsanfängerInnen in der Regel mit fahrlässigem „Gottvertrauen" in den Dienst geschickt. Dermaßen unvorbereitet, sind sie dann auch nur begrenzt in der Lage, sich den Beziehungskrisen zu stellen und diese heilsam zu durchleben.
Heilsam zu durchleben heißt in diesem Kontext, entweder als Paar neu gestärkt aus der Krise hervorzugehen oder sich zu trennen, wobei weder die Familie noch die Gemeinde als Trümmerfeld zurückbleiben darf. Als Ziel sollte angestrebt werden, daß der Pfarrer/die Pfarrerin mit der Gemeinde die Krise durchlebt, so daß ein Verbleib in der Gemeinde möglich sein wird. Gerade dem Kirchenvorstand kommt hierbei eine feinfühlige Moderatorenaufgabe zu. Dieses gemeindeleitende Gremium hat zu Recht kein Mandat, in der Pfarrfamilie „nach dem Rechten" zu sehen, aber doch die Pflicht, zu überlegen, welche Hilfestellung man der Pfarrfamilie geben kann, so daß diese in ihrer besonderen Situation nicht zum Opfer der öffentlichen Meinungsbildung wird. Nicht selten wird die Krise im Pfarrhaus auch dazu mißbraucht (s.o.), Unzufriedenheiten mit der Pfarramtsführung gleich mitabzurechnen. So kommen zusätzliche, oft lange unter der Decke gehaltene Aggressionen und Mißstimmungen in die Konfliktsituation hinein, die dann das Verlassen der Stelle fast erzwingen oder dringend angeraten sein lassen. Allerdings muß dann in solchen Fällen allen Seiten (Pfarrfamilie, Gemeinde und Vorgesetzten) bescheinigt werden, daß sie eine mögliche Konfliktlösung, die ja das Lernen für das Leben vorantreibt, verhindern und die ganze Problemlawine wegdrängen. Diese Verdrängungen werden teilweise später in neuen Lebenszusammenhängen Unheil anrichten.
Eine Gemeinde dagegen, die es einmal durchlebt hat, mit ihrer Pfarrfamilie eine Ehekrise zu meistern und sei es auch, daß der Pfarrer/die Pfarrerin allein im Pfarrhaus zurückbleibt, aber lebens- und dienstfähig, wird für die weitere Zukunft in diesem Themenkomplex seelsorgerliche Kompetenz aufweisen und nicht mehr unheilvollen Klischeevorstellungen folgen. Es könnte zudem sein, daß eine positiv verlaufende Krisenbewältigung im Pfarrhaus (gerade die gelungene Trennung) Impulse ausstrahlt für die vielfältigen Beziehungsdramen in der Gemeinde. Wenn die Trennung und/oder Scheidung im Pfarrhaus nicht mehr als Tabu, sondern als legitime gesellschaftliche Möglichkeit anerkannt wird, menschenunwürdige Beziehungsstrukturen in neues Lebensglück zu wandeln, dann wird diese längst fällige Realitätsangleichung ein erheblich entspannteres Klima bewirken, das in sich eine Fülle von kreativen Möglichkeiten des Umgangs mit der Trennung zulassen wird, wie sie etwa in diesem Buch angeboten werden. In

der Kirchengemeinde haben sich alle liebevoll und würdig der Krise zu stellen, die im Pfarrhaus Erwachsene und Kinder leiden läßt. In der Krise auch noch die „heile Fassade" hochhalten zu müssen, entspricht nicht der Intention des Evangeliums. In Anlehnung an Horst E. Richter läßt sich für die Pfarrfamilie einklagen: „Psychische Konflikte und Störungen als verbindendes Problem in die Verantwortung einer Gemeinschaft hineinzunehmen ist die wesentliche neue Bewußtseinsentscheidung ..." (5). Diese zeitlich weit zurückliegende Forderung (1981!) steht in ihrer Wahrnehmung und Umsetzung in den Kirchengemeinden noch aus. Freilich ist die Kirchengemeinde kein Therapiezentrum, aber sie ist der Lebensraum, das Zuhause der bedrohten Pfarrfamilie, auf den und auf das diese Anrecht besitzt, wie alle Gemeindeglieder auch. In diesem Raum gilt als anzustrebende Vision: „Wenn ein Mitmensch in der Gemeinde leidet, so leiden alle mit, und wenn einer geehrt wird, so freuen sich alle mit" (1. Kor. 12,26). Wer aber leidet, ist entbunden von allen Verpflichtungen einer Vorbildrolle; vielmehr kann nur die Gemeinschaft mit den Betroffenen vorbildhafte (evangeliumsgemäße) Konfliktlösungen entwickeln, die dann von anderen Gemeinden richtungsweisend aufgegriffen werden können.

Der Verdacht, daß dieser Beitrag leichtfertig der Trennung und Scheidung Vorschub leisten möchte, ist unbegründet. Vielmehr möchte er dazu ermutigen, die Ehe im Pfarrhaus in ihrer gegenwartsbezogenen Dynamik zu begreifen, anstatt sie unter statischen Normen zu bewerten. Wenn Paulus fordert: „Den Verheirateten aber gebiete, nicht ich, sondern der Herr, daß die Frau sich nicht von ihrem Manne scheiden soll" (1. Kor. 7,10), so formuliert er diesen Satz in eine Gemeinde- und Gesellschaftssituation hinein, die wir, schon im Blick auf die Rolle der Frau, heute nicht mehr teilen können. Was für die vielleicht noch von Endzeithoffnungen erfüllte Gemeinde, sofern das überhaupt zutrifft, in Korinth schon schwer durchsetzbar war, kann heute nicht mehr automatisch zur Norm gemacht werden. Vielmehr rückt doch die Frage nach der Langmütigkeit und Freundlichkeit der einander tragenden Liebe in den Vordergrund (1. Kor. 13). Hier bewährt sich der Glaube in der ehrlichen und mutigen Zuwendung an jene, die in ihrer Beziehungskrise leiden und als Betroffene nach Wegen der Lösung suchen. Galt die Familie bis in die siebziger Jahre unseres Jahrhunderts noch als die kleinste staatstragende Zelle, so weisen die Zahlen der Singlehaushalte mittlerweile ganz andere Fakten aus. Zunehmend wird der Einzelne Adressat soziologischer Grundüberlegungen. An ihm orientieren sich verstärkt die Produktwerbung und das Marketing der Banken und Versicherungen. Diese Entwicklung läßt deutlich werden, daß ein romantisierendes Festhalten am Bild der harmonischen Pfarrfamilie nicht mehr kongruent ist mit der gesamtgesellschaftlichen Situation, mag man sie gutheißen oder nicht.

Die Absicht dieses Beitrages ist nicht, das über Generationen tradierte soziale und religiöse Institut der Ehe in die Ecke historisch überholter Werte zu verweisen. Dagegen spricht, daß ungezählt viele Paare in der traditionellen Ehe ihre Erfüllung finden und sicher weiter finden werden. Es geht vielmehr um die Sensibilisierung dafür, daß die evangelischen Kirchen durch das Festhalten an weit zurückliegenden theologischen Denkfiguren zur Ehe an den Gemeinden und ihren Pfarrfamilien möglicherweise schuldig werden. Sie fördern die gemeinschaftliche Konfliktbewältigung nicht und begegnen zuweilen dem Leid der betroffenen Pfarrfamilien, inklusive derer Gemeinden, mit disziplinarischen Maßnahmen. Leise Ansätze zu einer seelsorgerlichen Begleitung entwickeln sich mittlerweile in den Landeskirchen nur zögerlich. Zu sehr hindert noch der Wunsch, Kirche möchte doch schon Reich Gottes sein, den unbefangenen Umgang mit der Tatsache, daß Ehen und damit auch die Ehen von Pfarrer/Pfarrerinnen nicht automatisch vor Zerreißproben geschützt sind. Das Jawort vor dem Altar beinhaltet keine magische Dimension. Gleichwohl quälen sich gerade Theologinnen und Theologen mit der Frage, welche Schuld sie auf sich laden, wenn sie dem gegebenen Jawort nicht mehr gerecht werden können. An diesem Punkt ist die Seelsorge besonders an Pfarrer/Pfarrerinnen gefordert, um diese behutsam aus der zusätzlich entstehenden religiösen Krise herauszuführen. Die priesterliche Identität des Pfarrers/der Pfarrerin erfährt in der Regel eine schwere Verletzung angesichts der Eigenerfahrung, an den religiösen und sozialen Normen der Ehe gescheitert zu sein. Zur Ausheilung dieser Verletzung kann beitragen, daß die Betroffenen verstehen lernen, daß ihr Scheitern auch etwas zu tun hat mit gesellschaftlich überzeichneten Anforderungen an die Ehe im Pfarrhaus.

„Vom Ehe-Leid zur Ehe light" (6) überschreibt der Spiegel sein Titelblatt vom Oktober 1996. Die in diesem Leitartikel angestellte Reflexion über das Ende der bürgerlichen Familie verweist auch die Krisen der Pfarrfamilie an die Normalität gesellschaftlicher Wandlungsprozesse, die sicherlich auch einen Reflex auf die Überwindung eines bürgerlichen Lebensmodells darstellen; spürbar und sichtbar spätestens seit 1968. Die Ehe light kann alllerdings mit Sicherheit nicht die Zielvorgabe für das neue Eheverständnis der Pfarrehepaare werden. Die religiöse Bindung an die ethischen Forderungen des Evangeliums, wie z.B. Bergpredigt, Seligpreisungen und 1. Korinther 13, muß vielmehr in ein Gespräch mit den Erfordernissen der Lebenswirklichkeit der Gegenwart gebracht werden. Die Ehe der Pfarrer/Pfarrerinnen kann nicht mehr unter dem Aspekt des Vorbildes verstanden werden. Die Pfarrfamilie sollte in die Gemeinde integriert sein (ohne in ihr aufzugehen) und sollte mit dieser Freude und Leid angstfrei durchleben können.

## Anmerkungen

1. *Eduard Lohse*, Kleine evangelische Pastoralehtik, Vandenhoeck & Ruprecht, Göttingen 1985, S. 39.
2. A.a.O., S. 39.
3. A.a.O., S. 44.
4. *Nicole Kuropka*, Auseinandersetzung mit der Forderung nach Schei-dungsgottesdiensten, in: Pastoral-Theologie 84. Jahrgang, 1995/9, S. 504-516.
5. *Horst E. Richter*, Sich der Krise stellen. Wie kann Familientherapie emanzipatorisch wirken? Reden, Aufsätze, Interviews, Rowohlt Sachbuch 7453, Reinbek 1981.
6. Vom Ehe-Leid zur Ehe light, in: Spiegel Nr. 43/21.10.1996, S. 78-110.

# Als Paar sich trennen - Eltern bleiben
## Wozu das neue Kindschaftsrecht Eltern bei Trennung ermutigen will

*Barbara Schellhoss*

Das Bild von der heilen Vater-Mutter-Kind-Familie hat noch immer einen hohen Stellenwert. Umfragen unter jungen Leuten zeigen, daß die weitaus meisten von ihnen sich lebenslange Partner und Familien wünschen, sich vor allem hiervon individuelle Glückserfüllung erwarten.

Scheitert dann ihre Partnerschaft, so geraten die Betroffenen fast immer in eine tiefe Lebenskrise. Das Wissen um die statistische Häufigkeit und damit „Normalität" von Trennungen hilft ihnen nicht, die Situation zu bewältigen.

Das Thema „Trennung" wird tabuisiert. Nur der setzt sich damit auseinander, dessen eigene Partnerschaft bedroht ist. Sicherlich zum einen deshalb, weil der Gedanke der Trennung vom Lebenspartner individuelle Ängste auslöst - wie Angst vor dem Alleinsein, Existenzangst, Angst, den Kindern zu schaden; hinzu kommt aber auch die Angst, dem gesellschaftlichen Bild von der intakten Familie nicht zu genügen.

Es hat vielleicht auch mit diesem Familienbild zu tun, daß Eltern und Kinder oft wenig Unterstützung von außen erfahren. Eigene Erwartungen an „intakte Familie", eigene Ängste hindern Verwandte, Freunde, Nachbarn und Kollegen, einer sich trennenden Familie in gleicher Weise zur Seite zu stehen, wie sie es etwa im Falle schwerer Krankheit eines Familienmitglieds tun würden.

Wer eine Trennung erlebt, fühlt sich deshalb oft sehr allein. Auch Menschen, die in ihrem Beruf, ihrem Alltag aktiv und lebenstüchtig sind, erscheinen oft hilflos, ohne Orientierung und überfordert.

Was können Betroffene tun, damit es ihnen besser geht - was können Außenstehende tun, um ihnen zu helfen? Einige Aspekte, die auf Erfahrungen bei der Trennungsberatung in einer Ev. Erziehungs- und Eheberatungsstelle beruhen, möchte ich ansprechen.

### Gesprächspartner suchen

Betroffenen tut es gut, einen Ansprechpartner zu haben, bei dem sie über alles reden können, was sie jetzt beschäftigt und belastet - seien es Verwandte, Freunde oder professionelle Beraterinnen und Berater. Seine Gedanken und Gefühle auszusprechen, hilft oft schon, sie zu ordnen, klarer zu sehen, Perspektiven zu entwickeln.

Ansprechpartner sollten vor allem geduldig zuhören. Es geht nicht darum, objektive Wahrheiten zu ermitteln oder zu vermitteln. Beide Partner haben die Beziehung oft ganz unterschiedlich erlebt. Jeder von ihnen hat seine eigene Wahrheit und möchte damit angenommen werden. Dies zu verstehen und zu akzeptieren, ist oft der erste Schritt zu einem konstruktiven Umgang mit der Trennung.

**Klare Regelungen treffen**

Beim Chaos der Gefühle ist es hilfreich, äußere Abläufe zu strukturieren. Bestimmte Bereiche müssen geregelt werden, damit ein einigermaßen geordneter Alltag gelebt werden kann. Es sollte geklärt werden, wer in der Wohnung bleibt und wer auszieht, mit wem die Kinder leben, wie deren Kontakt zum anderen Elternteil gewährleistet werden soll, wie das laufende Einkommen aufzuteilen ist, wer für welche Verbindlichkeiten aufkommt, wie Hausrat und Auto genutzt werden.

Beide Partner sollten sich über die Rechtslage informieren. Es sollte ihnen jedoch bewußt sein, daß sie einen weiten Spielraum haben, die anstehenden Bereiche entsprechend den individuellen Bedürfnissen und Gegebenheiten ihrer konkreten Familie zu gestalten. Alles, was für beide Partner in Ordnung ist, ist (im Rahmen der sogenannten „guten Sitten" natürlich) auch rechtlich in Ordnung. Das heißt, die Partner können beispielsweise durchaus eine von der gesetzlichen Unterhaltsregelung abweichende Vereinbarung treffen, sofern beide das wollen.

**Die Kinder sehen**

Die Zahl der Scheidungen betrug in Deutschland zuletzt ca. 176.000 pro Jahr. Geschieden werden aber nicht nur so viele Ehepaare. „Mitgeschieden" werden jährlich etwa 150.000 minderjährige Kinder. Und inzwischen wird die Mehrzahl der Ehen innerhalb von 10 Jahren gelöst - die von einer Scheidung betroffenen Kinder sind also überwiegend im Vor- und Grundschulalter. Hinzu kommen die Kinder, deren nicht verheiratete Eltern sich endgültig trennen. Diese Zahl wird in öffentlichen Statistiken nicht erfaßt.

Es fällt vielleicht auf, daß von diesen Kindern bisher kaum die Rede war. So ist das häufig auch beim ersten Beratungsgespräch: Mütter, Väter oder Paare, die wegen ihrer Trennung in unsere Beratungsstelle kommen, sprechen vieles an, aber sprechen oft (zunächst) nicht von ihren Kindern. Ich erlebe in der Beratung und Mediation nicht selten, daß beide Partner viele Probleme und Fragen nennen, die sie im Zusammenhang mit der Trennung sehr beschäftigen - und erst auf meine Nachfrage stellt sich heraus, daß auch Kinder in der Familie leben.

Das bedeutet natürlich nicht, daß diese Eltern ihre Kinder sozusagen vergessen hätten, nicht liebten oder deren Schwierigkeiten und Probleme bewußt nicht sehen wollten. Eine solche Ausblendung ist vielmehr ein Zeichen der Überforderung der Eltern. Beide erwachsenen Partner sind durch all das, was bei einer Trennung an äußeren Veränderungen und an Problemen auf sie einstürzt, selbst so sehr belastet, daß sie oft nicht wahrnehmen *können*, daß da kleine Menschen sind, die das Geschehen in der Familie auf ihre ganz *eigene* Weise wahrnehmen.

Wenn ein Elternteil geht, so erlebt ein Kind das nicht nur als Trennung seiner Eltern, sondern vor allem als seine Trennung von Vater oder Mutter. Kinder im Vor- und Grundschulalter haben wie selbstverständlich die Vorstellung, daß sie mit ihren Eltern und Geschwistern eine für alle Zeiten unauflösliche Einheit bilden. Wird diese Einheit aufgebrochen, so stürzt dies die Kinder in der Regel zunächst in tiefe Verwirrung und Unsicherheit. Sie halten sich nicht für liebenswert, weil Vater oder Mutter nicht ihretwegen bleiben. Sie wissen nicht, wie es für sie weitergeht. Sie wissen nicht, auf wen sie sich überhaupt noch verlassen können. Kinder sind nicht in der Lage, sich vorzustellen, daß irgendetwas auf der Welt passiert, was nicht auf sie bezogen ist. So geben sie sich oft selbst die Schuld an der Trennung der Eltern.

Kinder brauchen deshalb schon zu Beginn der Trennungsphase sehr viel Unterstützung und liebevolle Zuwendung, Verständnis für ihren Rückzug oder anderes auffällige Verhalten. Und das große Problem ist: Diejenigen, die ihnen am nächsten sind, von denen sie vor allem Zuwendung erwarten, nämlich die Eltern, stecken selbst in einer tiefen Krise, sind sehr auf sich und die Bewältigung ihrer eigenen Probleme bezogen, können es oft nicht auch noch ertragen, dem Kind Leid zuzufügen - und sind deshalb für ihre Kinder und deren Bedürfnisse nur begrenzt erreichbar.

Nahezu alle Menschen, die in Langzeituntersuchungen oft viele Jahre später befragt wurden, was sie seinerzeit als Kind bei der Trennung ihrer Eltern empfunden hätten, schildern vor allem ihr Gefühl des Verlassenseins, ihre Einsamkeit.

Den Kindern würde es helfen, wenn Vater und Mutter „sich als Paar trennen, aber Eltern bleiben". Dieser oft zitierte Satz beschreibt sicher das anzustrebende Ziel - aber was für ein anstrengender, oft langer Weg ist es bis dahin! Denn „sich als Paar trennen, aber Eltern bleiben" schließt zwei gegenläufige Tendenzen ein:
*Sich als Paar trennen* - das bedeutet: Verletzungen, Kränkungen, Enttäuschungen verarbeiten, um den anderen loslassen zu können, sich selbst zu finden; Begegnungen mit dem Partner werden dabei meist als belastend empfunden und möglichst vermieden.

*Eltern bleiben* - das heißt dagegen: auf den anderen Elternteil zugehen, sich über die Kinder austauschen, gemeinsam Absprachen treffen; dabei sind Begegnungen mit dem früheren Partner naturgemäß unvermeidlich.

Eltern, die auch nach der Trennung *gemeinsam* in der Verantwortung für ihre Kinder bleiben wollen, sollten sich deshalb immer wieder klar machen: Sie haben sich etwas vorgenommen, das dem Wohl ihres Kindes dient, jedoch nicht „einfach" und schon gar nicht in kurzer Zeit zu realisieren ist, das ihnen also für längere Zeit sehr viel an Einsatz und Disziplin abverlangt. Eltern, die sich für einen solchen Weg entscheiden, sollten daher nicht entmutigt sein, wenn ihnen eine gemeinsame Elternschaft nicht gleich befriedigend gelingt. Schwierigkeiten und auch Rückschläge sind hier „normal", es gibt sie in sehr vielen Familien, die sich trennen.

Von elementarer Bedeutung ist es, daß die Eltern wahrnehmen und akzeptieren, daß das Kind sie *beide*, Vater und Mutter, haben will und braucht.

**Die Chancen des neuen Kindschaftsrechts nutzen**

Ein Kind braucht seine Eltern und hat ein Recht auf beide - unabhängig davon, ob sie miteinander verheiratet sind oder nicht, ob sie zusammen oder getrennt leben. Dies ist auch das Grundverständnis des neuen Kindschaftsrechts, das am 1. Juli 1998 in Kraft getreten ist. Es nimmt Kinder, ihre eigenen Rechte und Bedürfnisse mehr in den Blick, als das bei früheren rechtlichen Regelungen der Fall war.

Das neue Recht berücksichtigt die Erkenntnisse sozialpsychologischer Forschung; danach sind Beziehungen zu Vater *und* Mutter wichtig für die Entwicklung eines Kindes. Deshalb steht im Fall der Trennung der Eltern nicht die Suche nach dem „besseren Elternteil" im Mittelpunkt, sondern das Kindschaftsrecht geht davon aus, daß eine fortbestehende gemeinsame Verantwortung beider Eltern dem Kindeswohl in der Regel am besten dient. Ein eigenes Recht des Kindes auf persönlichen Umgang mit beiden Eltern ist im Gesetz ausdrücklich formuliert (§ 1684 Abs. 1BGB).

Gemeinsames Sorgerecht ist dabei so zu verstehen, daß beide Eltern sich in der Sorge um das Kind unterstützen - zumindest alles unterlassen, was das Verhältnis des Kindes zum anderen Elternteil beeinträchtigt (§ 1684 Abs. 2 BGB). Entscheidend ist, daß - bei allem, was sie als Partner trennen mag - jeder den anderen als Vater oder Mutter des gemeinsamen Kindes akzeptiert. Nur so können dem Kind Loyalitätskonflikte erspart werden und kann es sich frei fühlen, die Beziehungen zu beiden Eltern zu leben.

Eine Entscheidung des Familiengerichts ist nach dem neuen Kindschaftsrecht nur dann erforderlich, wenn ein getrennt lebender Elternteil beantragt, daß ihm die elterliche Sorge für ein Kind *allein* übertragen wird.

Sind sich dagegen (verheiratete oder nicht verheiratete) Eltern, die das Sorgerecht bislang gemeinsam ausgeübt haben, darin einig, dies auch nach ihrer Trennung fortzusetzen, so ist eine gerichtliche Entscheidung zum Sorgerecht nicht mehr vorgesehen.

Die Rechtsposition von Eltern ist demnach durch das neue Kindschaftsrecht gestärkt worden. Für die Eltern bedeutet das auch, daß das Wohl ihrer Kinder nun noch stärker in ihre eigene Verantwortung gegeben ist.

Zur Ausgestaltung der gemeinsamen elterlichen Sorge gibt das Gesetz die folgende Vorgabe (§ 1687 BGB): Bei Entscheidungen in „Angelegenheiten, deren Regelung für das Kind von erheblicher Bedeutung ist", ist „ihr gegenseitiges Einvernehmen erforderlich"; der Elternteil, bei dem sich „das Kind gewöhnlich aufhält", hat „die Befugnis zur Entscheidung in Angelegenheiten des täglichen Lebens". Einzelheiten in diesem Zusammenhang sind noch klärungsbedürftig und werden sicherlich die Familiengerichte demnächst beschäftigen.

**Gemeinsame Elternschaft eigenverantwortlich gestalten**
In jedem Fall aber gilt: Die Familie hat es auch nach der Trennung weitgehend selbst in der Hand, wie sie das Leben der Kinder mit Vater und Mutter gestaltet. Jede Familie ist frei darin, eine Form der Umsetzung gemeinsamer Elternschaft in den Alltag zu entwickeln, die die konkreten Lebensbedingungen dieser Eltern, dieser Kinder berücksichtigt und von allen Beteiligten akzeptiert und gelebt werden kann. Dabei sollten sie klären

- bei wem die Kinder künftig leben (Aufenthalt)
- falls sie überwiegend bei einem Elternteil leben: auf welche Weise der Kontakt zum anderen Elternteil gewährleistet wird (dabei sollten auch Ferien, Feiertage, Geburtstage berücksichtigt werden)
- welche Angelegenheiten der Kinder künftig gemeinsam entschieden werden sollen
- wer für welche Bereiche allein zuständig sein soll
- wie der Unterhalt der Kinder sichergestellt werden soll.

Wenn feststeht, daß einer von ihnen ausziehen wird, sollten Eltern - wenn es möglich ist, *gemeinsam* - mit ihren Kindern über die bevorstehende Trennung sprechen. Eltern äußern manchmal in der Beratung, ihre Kinder „wüßten noch nichts", sie wollten sie noch „schonen". Diese Eltern unterschätzen meist, wie genau ihre Kinder spüren, daß in der Familie etwas „nicht stimmt". Die scheinbare „Schonung" verunsichert die Kinder noch mehr, nimmt ihnen die Möglichkeit, ihre Ängste auszusprechen, und verstärkt ihr Gefühl der Einsamkeit.

Kinder erwarten meist keine eingehende Begründung dafür, warum die Eltern auseinandergehen. Sie wollen wissen, was die Trennung ganz praktisch für sie bedeutet, wo sie wohnen werden, ob sie Papa/Mama weiter sehen werden, wo Papa/Mama wohnen wird, wer sie künftig zum Fußball bringt, was mit dem Hund geschieht. Hier sollten Eltern möglichst klar und konkret informieren. Die Kinder sollten ermutigt werden, ihre Vorstellungen, Wünsche und Sorgen zu äußern.

Wenn die Eltern selbst sehr belastet sind, können sie vielleicht Bedingungen herstellen, die es den Kindern ermöglichen, mit Dritten (Großeltern, Verwandten, Freunden, einer Lehrerin) über ihre Gefühle zu sprechen. Den Kindern nahestehende dritte Personen können ihnen helfen, indem sie sich als Ansprechpartner anbieten.

Nach unserer Erfahrung in der Beratungsarbeit sind, was den Aufenthalt der Kinder bei Vater und Mutter angeht, feste Regelungen für alle Beteiligten hilfreich. Getrenntleben mit Kindern erfordert sehr viel Organisation, und es erleichtert die eigenen Planungen der Eltern, zu wissen, wann der andere zuverlässig für die Kinder zuständig ist. Vor allem aber gewinnen die Kinder mit der Zeit ihre Sicherheit und ihr Vertrauen wieder, wenn sie erleben, daß Vater oder Mutter ganz regelmäßig immer wieder an einem bestimmten Wochentag kommen - das gilt selbst für ein kleines Kind, das noch nicht weiß, wann Sonntag ist.

Eltern sollten den Kindern einen gemeinsamen Vorschlag hinsichtlich des Aufenthalts und der Umgangsregelung vorgeben - die scheinbar liberale Einstellung, die Kinder sollten selbst entscheiden, bei wem sie leben und wann sie den anderen Elternteil jeweils sehen wollen, bringt die Kinder meist in große Schwierigkeiten; sie wollen den (von ihnen vorausgesetzten) Erwartungen beider Eltern entsprechen und geraten in Konflikte, die sie überfordern.

**Sich Zeit zugestehen**

Es hat sich in unserer Arbeit vor allem bewährt, Regelungen zunächst nur für einen befristeten Zeitraum abzusprechen und dann jeweils für den nächsten Zeitabschnitt festzulegen. Das ermöglicht es einmal, auf äußere Veränderungen (veränderte Arbeitszeiten / veränderte Entfernung wegen Umzugs/veränderte feste Termine der Kinder) flexibel zu reagieren. Zum anderen spielt der Faktor Zeit auch insofern eine wesentlich Rolle, als die eigene Verarbeitung und Bewältigung der Trennung den Eltern oder einem von ihnen im Laufe des Trennungsprozesses mit der Zeit Formen gemeinsamer Elternschaft möglich machen, die zunächst abgelehnt wurden.

So ist beispielsweise eine Mutter zunächst sehr skeptisch, was Übernachtungen der kleinen Kinder beim Vater angeht. Sie traut ihm nicht zu, angemessen für die Kinder zu sorgen, weil der Vater sich bis dahin an der Betreuung der Kinder wenig beteiligt hatte. Erlebt diese Mutter, daß der Vater sich nach der Trennung als Vater „neu entdeckt" und über einen längeren Zeitraum zuverlässig für die Kinder sorgt, wenn sie bei ihm sind, so kann sie möglicherweise dann einem Betreuungsmodus zustimmen, gegen den sie sich anfangs gewehrt hatte.
Oder: Ein Elternteil hat zunächst große Schwierigkeiten, zuzulassen, daß das Kind beim Besuch des anderen Elternteils auch Kontakt zu dessen neuem Partner hat. Ist es dem Vater/der Mutter mit der Zeit gelungen, die Trennung zu verarbeiten und zu akzeptieren, löst sich auch dieses Problem, und zunächst getroffene Absprachen zum Punkt „Kontakt des Kindes zum neuen Partner/zur neuen Partnerin des anderen Elternteils" können verändert werden.

Eltern und Kinder sollten nach einer Zeit des Ausprobierens - vielleicht nach zwei Monaten - zusammentragen, welche Erfahrungen jeder von ihnen mit der abgesprochenen Regelung gemacht hat, was sich aus seiner Sicht bewährt hat, wo er sich Veränderungen wünscht. Auf dieser Basis kann dann die Regelung für den nächsten Zeitabschnitt gemeinsam ausgehandelt werden. Mit der Zeit entwickelt sich so meist eine Form des Umgangs miteinander, mit der alle Familienmitglieder zufrieden sind.

**Sich beraten lassen**

Viele Paare sind in der besonders belastenden Situation einer Trennung oder Scheidung damit überfordert, allein im Gespräch miteinander eine für beide akzeptable Lösung für alle zu regelnden Bereiche zu erarbeiten. Das ist naheliegend und nachvollziehbar und heißt nicht, daß sie generell außerstande seien, ihre Angelegenheiten selbst zu klären - sie können es nur jetzt nicht. Kränkungen verhindern ein zukunftsorientiertes Verhandeln, Machtkämpfe entstehen oder werden fortgesetzt, schnell befinden beide sich in ihren alten destruktiven Beziehungsmustern.

Hier kann Hilfe von außen die Partner weiterbringen. Nach angemessener Hilfe zu suchen, ist kein Eingeständnis von Schwäche, sondern zeugt im Gegenteil von Kompetenz und Verantwortungsbewußtsein.

Ein inzwischen auch in Deutschland bewährtes Verfahren, Familien in Trennung und Scheidung bei der Entwicklung eigenverantwortlicher Konzepte zu unterstützen, ist die an anderer Stelle dieses Buches beschriebene Mediation.

Soweit Lösungen für Kinder zu finden sind, geht auch das neue Kindschaftsrecht davon aus, daß Eltern in vielen Fällen Hilfe brauchen. Die Angebote einer Unterstützung der Eltern im Rahmen der Jugendhilfe werden deshalb im neuen Gesetz besonders herausgestellt und teilweise auch erweitert.

So haben Eltern nach dem neu formulierten §17 des Kinder- und Jugendhilfegesetzes (KJHG) einen individuellen Rechtsanspruch auf Beratung in Fragen der Partnerschaft; im Falle der Trennung oder Scheidung sind Eltern unter angemessener Beteiligung des Kindes darin zu unterstützen, ein einvernehmliches Konzept zur Wahrnehmung der elterlichen Sorge zu entwickeln.

Eltern können wählen, ob sie die Hilfe des zuständigen Jugendamtes in Anspruch nehmen oder sich an eine Erziehungsberatungsstelle in öffentlicher oder freier Trägerschaft wenden. Da sich bei streitenden Eltern die Fronten mit zunehmender Dauer des Trennungsprozesses oft verhärten, ist es sinnvoll, in einem möglichst frühen Stadium der Trennung fachliche Hilfe zu suchen.

Kinder und Jugendliche können sich auch selbst (unabhängig von Zustimmung oder Beteiligung ihrer Eltern) an Jugendamt oder Beratungsstellen wenden, sie haben einen eigenen Rechtsanspruch auf fachliche Hilfe (§ 8, 18, 28 KJHG).

Mit dem Partner/der Partnerin, sei es mit oder ohne Beratungshilfe, Lösungen zu erreichen, ist ein oft anstrengender Weg. Manchmal möchte der eine Partner vom anderen einfach nichts mehr hören, möchte alles abgeben an Anwälte und Familiengericht. Rechtsanwälte und Gerichte sind zweifellos notwendige Institutionen und haben wichtige Funktionen im Familienkonflikt. Es muß auch gesehen werden, daß bei bestimmten Familienkonstellationen ein faires Aushandeln nicht möglich ist und daß in einigen Fällen nur das justizielle Verfahren den Schutz des Schwächeren gewährleistet. Generell jedoch gilt: Das Ziel, miteinander zu einverständlichen Lösungen zu kommen, lohnt auch anstrengenden Einsatz.

Einmal sind Regelungen, die diejenigen selbst gestaltet haben, die damit leben müssen, tragfähiger als solche Regelungen, die ein Dritter (Gericht) vorgibt und die meist jedenfalls einer der Partner so nicht gewollt hat.

Zum anderen erleben Paare sich vor Gericht oft doppelt als „Versager": Beide sind mit Hoffnungen und Erwartungen in die Ehe gegangen, die nicht erfüllt worden sind, die sie nicht haben erfüllen können; nun schaffen sie es nicht einmal, ihre Trennung selbst zu bewältigen, andere entscheiden über ihre Zukunft und die ihrer Kinder. Demgegenüber vermittelt es positive Gefühle, eine gütliche Vereinbarung miteinander zustande gebracht zu haben. Zwar ist es nicht gelungen, die Ehe weiterzuleben - aber beide haben es geschafft, sich fair zu trennen. Und gerade für Paare, die durch gemeinsame Kinder über die Scheidung hinaus verbunden bleiben, ist es wichtig, zu wissen, daß auch der andere mit der erarbeiteten Lösung leben kann.

Ihren Kindern können Eltern, die sich trennen, Leid nicht ganz ersparen. Sie können ihnen aber die positive Erfahrung vermitteln, daß man einer Lebenskrise nicht ohnmächtig ausgeliefert ist: Es gibt Möglichkeiten, selbst Perspektiven zu entwickeln, sich Hilfe zu holen, ein verändertes Leben aktiv mitzugestalten und dabei vielleicht auch eine neue Qualität von Elternschaft zu entdecken.

# Mediation - eine Hilfe bei Trennung und Scheidung

Interview mit *Joachim Kramp*

? Als Anwalt sind Sie seit mehr als 25 Jahren mit Familiensachen, Trennungen und Scheidungen befaßt. Seit einigen Jahren stehen Sie auch als Mediator trennungswilligen Paaren zur Seite. Was sind die Vorteile der Mediation gegenüber der herkömmlichen Scheidungspraxis?

Joachim Kramp:
Bei dem herkömmlichen rechtlichen Verfahren gibt es immer Antragsteller und Antraggegner; dieses Verfahren ist also von Haus aus kontrovers aufgebaut: „Ich will; ich will nicht, was du willst". Der Richter entscheidet; die Beteiligten haben diese Entscheidung hinzunehmen. Es geht ausschließlich um Rechtspositionen. Bei der Mediation hilft der Mediator als unparteiischer Dritter, also als eine Art Katalysator, den betroffenen Menschen, selber die Lösung zu finden, mit der jeder leben kann.

Bei der Mediation geht es weniger um Rechtspositionen, als um die Interessen und Bedürfnisse der Beteiligten. Für beide Beteiligte gilt es, die Konturen eines neuen Lebensweges herauszuarbeiten. Der bisherige Lebensweg - gemeinsame Lebensweg - ist zu Ende. Statt zurückzuschauen, gilt es, aus dem, was ist, das Beste zu machen. Dies gilt vor allem dann, wenn Kinder aus der Ehe hervorgegangen sind; auch wenn die Partnerschaft auf der Paarebene gescheitert ist, bleiben beide Eltern.

Die Aufgabe des Mediators ist, die Interessen und Bedürfnisse eines jeden herauszuarbeiten. Bei diesen Gesprächen erreicht man sehr häufig eine tiefere Ebene, die es den Beteiligten ermöglicht, wirklich zu verstehen, was man selbst benötigt und was der andere benötigt. Häufig ist es so, daß die Menschen in der Mediation sagen, sie hätten lange nicht mehr so miteinander gesprochen; wenn man früher so miteinander hätte sprechen können, wäre es vielleicht so weit nicht gekommen.
Zuhören und ausreden lassen; Wichtiges von Unwichtigem unterscheiden lernen; die eigenen Interessen verfolgen und auch die des anderen nicht einfach wegwischen - dies ist die Essenz der Mediation. Die Aufgabe des Mediators ist es, die Menschen zu ermuntern, sich den neuen Lebensweg anzusehen und für sich zu entscheiden, was man hierzu benötigt. Wünsche, die finanziell nicht machbar sind, können so verändert werden, daß sie machbar werden. Wenn ich wirklich verstehe und weiß, was ich möchte, welches meine tatsächlichen Bedürfnisse und Interessen sind, kann ich meist auch besser die Bedürfnisse und Interessen des anderen verstehen. Leben und leben lassen; geben und nehmen - dies sind die Kriterien der Mediation.

Ich möchte Ihnen ein kurzes Beispiel geben zum Verständnis: Man streitet sich um eine Zitrone. Entweder der eine bekommt sie, oder der andere. Bei genauem Hinterfragen zeigt sich, daß der eine lediglich den Saft der Zitrone benötigt, weil er krank ist, und der andere lediglich die Schale, um einen Kuchen zu backen. Die Zitrone wird also ausgepreßt; der eine bekommt den Saft und wird gesund, der andere backt seinen Kuchen. Dies ist eine Gewinner/Gewinner-Lösung; die rechtliche Auseinandersetzung führt häufig zu einer Gewinner/Verlierer-Lösung.

Aufgabe des Mediators ist, den Prozeß des Verstehens zu hüten und zu leiten. Ist einmal eine tiefere Ebene des wechselseitigen Verstehens erreicht, so wird sich hieraus eine für beide Teile tragbare und lebbare Lösung ergeben.

? Ist Mediation ein therapeutischer Prozeß?

Joachim Kramp:
Mediation ist ergebnisorientiert. Es geht nicht darum, zu sehen, was war, wer welche Fehler gemacht hat, sondern darum, nach vorne zu sehen. Die menschliche Zuwendung, welche der Mediator beiden Beteiligten entgegenbringt, mag sicherlich ein therapeutisches Moment sein. Tiefe Gespräche haben immer etwas mit Heilung zu tun. Wenn jedoch zu große Blockaden aus der Vergangenheit vorhanden sind, kann es durchaus sein, daß die Mediation für einen gewissen Zeitraum unterbrochen wird, und beide, oder nur einer, gehen zu einem Therapeuten.
Manchmal ist es auch sehr hilfreich, die Mediation ganz oder teilweise als Co-Mediation zu führen: ein psychologisch ausgerichteter Mediator und ein juristisch ausgerichteter Mediator - am besten eine Frau und ein Mann - leiten die Mediation zusammen. In einem solchen Setting können häufiger psychische Zusammenhänge erklärt und somit auch bearbeitet werden; dies wird dann gemacht, wenn es dem Fortgang des Prozesses dient.

Wenn ich Ihnen sage, die Mediation ist ergebnis- oder zielorientiert, so meine ich damit, daß am Ende eine sachliche, rechtlich haltbare Lösung stehen soll. Innere, zwischenmenschliche Tatsachen sind in diesem Prozeß äußerst wichtig und müssen besprochen werden. Meistens ist es ja der persönliche subjektive Konflikt, welcher Lösungen im Wege steht. Anerkennung, wechselseitiger Respekt sind wichtige „Zutaten" bei diesem Prozeß. Die Kunst des Mediators ist, eine Ausgewogenheit zu erreichen. Der Mediator als Mediator ist kein Therapeut. Er ist auch nicht der Anwalt im herkömmlichen Sinne und schon gar nicht derjenige, welcher - bis auf die rechtlichen Grenzen selbstverständlich - die

Lösungen der Parteien zu beurteilen hat. Es ist deren Lösung, die für ihr Leben am besten ist; für andere muß diese Lösung schon nicht mehr stimmen.

? Was sind die Rahmenbedingungen für Mediation?

Joachim Kramp:
Da die Mediation in Deutschland sich noch nicht so stark herumgesprochen hat, ist es so, daß die Paare kommen und sagen: „Wir haben was davon gehört", so daß ich zunächst mal eine halbe Stunde Einführung mache in die Gesetzlichkeiten der Mediation. Dazu gehört einmal der Wille der beiden Eheleute, anläßlich der anstehenden Problematiken eine Lösung für sich selbst zu finden - und zwar sag ich dazu: eine handgestrickte Lösung. Und eine handgestrickte Lösung kann ein Richter in den überwiegenden Fällen gar nicht bringen, rein schon vom Gesetz her und vom Zeitaufwand vielleicht.
Also, wichtig ist, daß das Paar die Probleme eigenständig lösen will, was bedeutet, daß jeder für sich selbst verantwortlich ist; daß ich also nicht der Anwalt bin, der jemanden berät, sondern Mediator, der im Grundberuf Anwalt ist. Der Mediator kann sagen: Grundsätzlich geht es so und so, aber ihr müßt gucken, wie ihr es nun persönlich für euch macht. Also der Wille zur Lösung, der Wille zur Autonomie, zur Eigenständigkeit ist wichtig. Von Seiten der Eheleute wird absolute Offenheit erwartet. Es muß alles auf den Tisch; denn nur wenn alles auf dem Tisch liegt, habe ich die Realitäten und die persönlichen Einschätzungen auf dem Tisch; also das Einkommen, das Vermögen - dies von der sachlichen Seite her; dann aber auch die Einwendungen gegen den anderen, so daß man wirklich lernt, wieder miteinander zu reden. Viele konnten jahrelang nicht miteinander reden, weil sie sich nur vorurteilsbeladen gegenüberstanden. Der eine drückte einen Knopf, das konnte ein Wort gewesen sein, und schon kam die damalige „Streitkultur" voll heraus.

? Was passiert bei den Gesprächen?

Joachim Kramp:
Die Eheleute sind herausgefordert, weil sie dem anderen vielleicht das erste Mal seit langer Zeit zuhören. Sie müssen sich anhören, was der andere will, und können so die wirklichen Bedürfnisse des anderen mitbekommen. Und das macht oft auch betroffen. Aber es ist ein bestimmter Prozeß, den zu durchlaufen notwendig ist, bis man an diese Betroffenheit kommt; und diese Betroffenheit ist dann gleichzeitig auch der „shift", nämlich den anderen zu sehen, seine Bedürfnisse zu sehen, nicht:

„Ich will den Tisch, den Schrank," sondern WARUM er was will. Und dann auch zu versuchen, dem nachzugehen, ohne den eigenen Standpunkt und die eigenen Bedürfnisse über Bord zu werfen. Und damit können Sie dann zu Lösungen kommen, die für beide Gewinner/Gewinner-Lösungen sind. Bei Gericht gibt es das nicht, da gibt es meist einen Gewinner und einen Verlierer. Und das Scheidungsverfahren ist ja heute eine sehr komplexe Angelegenheit. Da geht es um die Scheidung selbst, geht es u.U. um die elterliche Sorge, geht es um Unterhalt, um Hausrat, Zugewinn und alles mögliche. Da kann es sein, daß Sie im Hausratsverfahren gewinnen, im Unterhalt verlieren, bei der elterlichen Sorge auch gewinnen oder verlieren, aber es gibt nicht die Gewinner/Gewinner-Lösung. Innerhalb einer Mediation aber können Sie Lösungen schaffen, mit denen jeder wirklich leben kann, und zwar nicht als Kompromiß, wie man das im herkömmlichen Verfahren im Wege des Vergleiches erarbeitet: Ja geben's doch noch 'nen Hunderter mehr und den Fünfziger, den können wir doch noch, oder den Schrank - so schlimm ist es doch nicht -, sondern das, was in der Mediation erarbeitet wird, ist eine Lösung, hinter der beide Parteien wirklich stehen, die deswegen auch so haltbar ist. Es wird immer wieder gefragt, wenn man denn nun eine Teillösung erarbeitet hat: Wie sieht es in zwei Jahren aus, wie können sie sich vorstellen, daß sie damit leben? Die praktische Seite, die Realitätsseite kommt immer wieder hinein.

? Wenn sie nicht gestorben sind, sprechen sie noch heute miteinander?

Joachim Kramp:
Also, ich habe von einer Mediation gehört, bei der die getrennt lebenden Ehegatten zu der Mediatorin sagten: „Hätten wir das vorher gemacht, dann hätte diese Art der Hilfeleistung uns vielleicht dazu geholfen, unsere Partnerschaft fortzusetzen. Der Zug ist weg, aber wir haben wirklich gelernt, wieder miteinander vertrauensvoll umzugehen."
Ich kann mir vorstellen, daß dieses Paar, von dem mir erzählt wurde, solange miteinander spricht, bis einer tot ist oder beide. Und gerade diese Konstellation: wieder Achtung aufbauen vor dem anderen, vor seinen Gefühlen, vor seinen Bedürfnissen, ist so wichtig, weil diese Paare, sofern sie auch Eltern sind, immer Eltern bleiben. Und ein Kind kann seinen Eltern sicherlich keine Vorwürfe machen, wenn die Partnerbeziehung kaputt ist; aber es kann ihnen einen Vorwurf machen, wenn sie wegen der Zerstörung der Partnerbeziehung auch die Elternbeziehung nicht mehr leben. Diese Beziehung aufrechtzuerhalten, dazu ist die Mediation hilfreich. Das ist auch der Urgrund der Mediation, die ja aus Amerika kommt, wo man sich eben mit dieser Elternproblematik beschäftigt hat. Das hat dann letztlich zur Idee der Mediation geführt.

? Wie wird die Mediation abgeschlossen?

Joachim Kramp:
Der Abschluß wird in Form eines Memorandums festgestellt. Gehen wir mal davon aus, wir haben fünf Komplexe, die die Parteien, Eheleute, angeben, die gelöst werden müssen. Dann wird jeder Komplex zunächst einzeln durchgegangen und eine vorläufige Lösung erstellt. Wenn sie vorläufig gelöst sind, werden sie wieder miteinander in Beziehung gestellt. Wenn A so läuft, ist dann C tragbar? Wenn das abgecheckt ist und die Parteien, was wir immer raten, selber einen parteiischen Beratungsanwalt zur Seite haben, mit dem sie mögliche Ergebnisse absprechen können, so daß sie auch ihre rechtlichen Bedürfnisse, die in der Mediation nur allgemein abgeklärt werden, ganz speziell abgeklärt haben, dann wird ein Memorandum erstellt, was in der Juristensprache ein sogenanntes privatschriftliches Dokument darstellt. Nun haben wir ja im Familienrecht bestimmte Formerfordernisse. Mein Rat ist immer, daß man sagt, hier ist das Memorandum, das soll in notarieller Form gemacht werden oder aber, wenn der Scheidungstermin schon da ist, in Form einer Trennungs- und Scheidungsvereinbarung bei Gericht zu Protokoll gegeben werden.

? Wo sehen Sie die Grenzen der Mediation?

Joachim Kramp:
Mediation ist nicht das Allheilmittel, sie kann nicht überall funktionieren. Es gibt nämlich Menschen, die sagen: „Aha, wenn ich Mediation mache, dann kann ich meinen Ehepartner besser als bei Gericht über den Tisch ziehen, weil der sowieso macht, was ich will." Und es gibt Streithansel, die sagen, das will ich auch noch mal ausprobieren, da mach ich mal Mediation, will mal sehen, wer gewinnt - also die nicht mit dem Willen kommen, eine saubere, faire, einverständliche Lösung zu schaffen, sondern die mit der Strategie kommen, über das Vehikel Mediation noch besser ihren eigenen Willen und ihre eigene Kraft auszuüben und auch durchzubringen. Und da ist der Mediator gefragt, nämlich daß der Mediator wirklich die Machtstrukturen innerhalb dieser Verbindung und Beziehung sieht und sie ausbalanciert und möglicherweise auch sagt: „Ich sehe in dieser Konstellation und angesichts des mangelnden Willens, tatsächlich eine faire Lösung zu finden, keine Möglichkeit, die Mediation fortzuführen.

Interviewer: Armin Beuscher

# Ein Plädoyer fürs Innehalten
## Systemische Familienaufstellungen bei Trennung und Scheidung

*Albrecht Mahr*

### Was sind Familienaufstellungen?
Familienaufstellungen, eine Form der systemischen Familientherapie, werden in Gruppen von ca. 20 Teilnehmern durchgeführt (3,7). Ein Teilnehmer wählt für die Mitglieder seiner Herkunfts- oder Gegenwartsfamilie Stellvertreter aus der Gruppe aus und stellt diese im Raum auf, wobei er sich ganz von seinem Gefühl leiten läßt. Mit diesem „Aufstellen" entfaltet sich das innere, meist unbewußte Bild des Teilnehmers von seiner Familie als äußeres Kraftfeld der Aufstellung. Die bei den Stellvertretern auftauchenden Gefühle und Körperempfindungen geben auf eine überaus genaue Weise die Situation des betreffenden Familienmitglieds und der in dieser Familie wirkenden Dynamik wieder. Es ist dieses „wissende Feld" der Aufstellung (6), das zu oft überraschenden Einsichten und von da aus zu Lösungen führen kann, die bisher nicht vorstellbar schienen.

Familienaufstellungen können einem Paar helfen, seine Beziehung in einem tiefen und manchmal völlig neuen Zusammenhang zu sehen. Was in der Ehe als quälend, „krank" oder abweichend erschien, kann als der Versuch erkannt werden, z.B. den Eltern deren Leiden oder Schuld abzunehmen, einem verstorbenen Geschwister die Treue zu halten oder Frau und Kinder vor dem eigenen, vermeintlich Bösen, durch Fortgehen und Trennung zu schützen.
Familienaufstellungen legen uns nahe, innezuhalten und die Chance wahrzunehmen, gerade im Dunklen unserer Beziehung den Reichtum einer tiefen Liebe zu unseren Nächsten zu entdecken und ihr Ausdrucksmöglichkeiten zu eröffnen, die dem Leben besser dienen können, als die blinde Teilhabe an leidvollen Verstrickungen.

### Scheidung: zu rasch und zu oft
Wir alle wissen, daß die Scheidungsraten weiter ansteigen, in manchen Ballungsgebieten mittlerweile auf 50% und darüber. Nicht ganz so bekannt ist die Tatsache, daß Scheidungen nicht selten körperliche und seelische Erkrankungen nach sich ziehen und eine erhöhte Sterbequote bei den Betroffenen.
Scheidungen zählen also zu den wichtigsten psychosozialen Gesundheitsrisiken.

Woher kommt - bei einem doch existentiellen Risiko - diese hohe Bereitschaft zu Trennung und Scheidung?
Ich glaube, der wichtigste Grund dafür ist die Überzeugung, daß das Leiden in der Paarbeziehung vermeidbar und deshalb ein beschämender Beweis für die seelische Unzulänglichkeit der Partner sei.

Paarforscher haben uns in den letzten Jahren eindringlich gezeigt, wie sehr wir in der romantischen Illusion von der „Traumvorstellung Liebe" (5) oder von einem „neoromantischen Liebesideal" (4) gefangen sind und wie hartnäckig wir gar am „Terror des Bildes von der immer glücklichen Ehe" (2) festhalten.
Wir wissen mittlerweile, daß die unbewußte Wiederholung leidvoller Kindheitserfahrungen in der „Kollusion" der Partner (8) zur Grundausstattung einer jeden Paarbeziehung gehört. Und hier wird die zerstörerische Wirkung der skizzierten Idealvorstellung von Liebe und Partnerschaft besonders deutlich: Wenn wir meinen, diesem unausweichlichen Leiden in der Paarbeziehung nur durch Trennung und Scheidung begegnen zu können, vergeben wir die Heilungs- und Entwicklungschance, die wir wohl nur in einer vielleicht nur selten romantischen, dafür aber lebensvollen Paarbeziehung erleben können.
„Weshalb wird nicht noch häufiger geschieden?", fragt dagegen der Paarforscher Jürg Willi zu Anfang seines Buches „Was hält Paare zusammen?". Was bewegt doch immerhin 50 Prozent der Paare, ihr oft beträchtliches Leiden aneinander nicht einfach nur als krankhaft zu entwerten, sondern - oft ohne kirchlichen oder materiellen Zwang - beieinander zu bleiben? Womöglich spüren sie, daß der bloße Wunsch nach Leidlosigkeit und Wohlergehen der Tiefe einer Paarbeziehung nicht gerecht wird, daß die Ehe „keine Wohlfahrtanstalt, sondern ein Heilsweg" ist, wie der Jung'sche Eheforscher Alfons Guggenbühl-Craig in seinem für unser Thema überaus wertvollen Büchlein „Die Ehe ist tot - Lang lebe die Ehe!" feststellt und erläutert: „Eine Ehe funktioniert nur, wenn man sich gerade das, was man sich sonst nicht bieten lassen würde, bieten läßt. Die Ehe ist nichts Gemütliches und Harmonisches, sondern sie ist ein Ort der Individuation, wo sich der Mensch an sich selber und an dem Partner reibt, liebend und ablehnend auf ihn stößt und so sich selbst, die Welt, das Gute und das Böse, das Hohe und das Niedrige kennenlernt."
Erfahrene Eheforscher und -therapeuten ganz unterschiedlicher Ausrichtung kommen daher - bei ausdrücklicher Anerkennung der Scheidung als einer not-wendigen Möglichkeit - übereinstimmend zu der Feststellung: Es wird zu rasch und zu häufig geschieden, Scheidung ist oft die untaugliche Konfliktlösung. Und eine aus diesen Befunden abgeleitete Trennungs-Faustregel zum Innehalten besagt: Wenn ein Paar die Beendigung der Beziehung ins Auge faßt, so sollte vor der Scheidung eine Trennungszeit liegen, die in Monaten so lange dauert, wie die Beziehung in Jahren bestand.

**Ein Plädoyer fürs Innehalten: drei Beispiele**

Ich möchte an drei Beispielen aus Familienaufstellungen zeigen, was mit Innehalten gemeint ist. Zum Schutz der beteiligten Personen sind Einzelheiten entsprechend verändert.

*Alex und Dorothea sind seit 9 Jahren verheiratet und haben einen 8- und einen 6-jährigen Sohn. Sie sind entschlossen, sich zu trennen. Da sei nichts mehr drin, ständiges Streiten um Kleinigkeiten, ein Seitensprung bei Alex, jetzt ein Freund bei Dorothea. „Unsere Ehe ist abgehakt", stellen sie erschöpft fest. In der Familienaufstellung zeigt sich, daß Alex ganz Mutters Sohn ist und seinen Vater genauso geringschätzt und entwertet, wie es seine Mutter tut. Alex' vordergründig imponierendes Auftreten erweist sich als „warme Luft", wie er später sagt, als er sich dann auch ein ständiges Gefühl untergründiger Angst und Schwäche eingestehen kann. Als Alex in der Familienaufstellung dann zu seinem - in Wirklichkeit sehr tüchtigen - Vater finden, dessen Kraft und Wohlwollen erleben und sich von der Mutter als ihrem „kleinen-großen Helden" verabschieden kann, erlebt Alex eine tiefe Erleichterung und Beruhigung.*

*Dorothea erkennt bei sich etwas Entsprechendes: Sie ist gefangen in der Vorstellung, ihren Vater aus dessen Bindung an schwerste Kriegserlebnisse zu erlösen. Sie ist heimlich überzeugt, daß sie das viel besser kann als ihre Mutter, die sie als unfähig ablehnt und geringschätzt. Das damit verbundene Abgeschnittensein von der Mutter und die Schuldgefühle kennt Dorothea als ständige innere Rastlosigkeit, Bedrückung und Unerfülltheit. Als sie sich in der Aufstellung aus diesen Zusammenhängen lösen und zu ihrer Mutter finden kann - mit Worten wie „Ich war ja ganz verwirrt. Das tut mir so leid. Bitte laß mich nur deine Tochter sein" - tritt auch bei ihr eine große Entlastung ein.*

*Alex und Dorothea schauen sich an: Hinter Alex steht sein Vater, hinter Dorothea ihre Mutter und geben ihnen die lang entbehrte Kraft, die sie vergeblich in sich selbst, im Partner und in Außenbeziehungen gesucht haben.*
*Für einen Moment ist es gut, ganz ruhig und stimmig. Die beiden Söhne atmen auf, müssen nicht mehr angespannt vermitteln und können einmal ganz zu sich kommen.*
*Die lange Zeit der schmerzlichen Enttäuschungen aneinander hat bei dem Paar tiefe Spuren hinterlassen. Es ist für sie ein großes Wagnis, der aufkeimenden Hoffnung zu trauen, daß die Trennung vielleicht doch nicht unausweichlich ist.*

Warum also noch einmal innehalten, wenn eine Ehe ausgelaugt, quälend und leer geworden ist und doch alles dafür spricht, daß die Falschen sich zusammengetan haben? Die Antwort ist: weil die Not in einer Ehe nicht beweist, daß sie besser nicht geschlossen wäre. Das Beispiel von Alex und Dorothea zeigt, daß ihr Leiden seine Quelle eigentlich nicht in der Ehe, sondern in dem hat, was ich die dunkle Liebe des Kindes nenne: Sie versucht Unmögliches für die Eltern zu erreichen und verstrickt sich dabei in das Erleben von Überforderung, Ungenügen und Schuld. Das Leiden in der Paarbeziehung ist, mit Meister Eckhart gesprochen, oft „das schnellste

Pferd zu Gott", d.h. zu der Einsicht, wo wir eigentlich gebunden sind und nach Lösungen suchen müssen. Das „Ich liebe dich nicht mehr" kann systemisch heißen „Meine Treue zu Mutter oder Vater hat Vorrang vor meiner Liebe zu dir". Und sooft die Scheidung dann auch das kleinste Übel sein mag, allzu oft ist sie die Lösung, wie sie jener Betrunkene sucht, der nachts um eine Laterne herumkrabbelt, und ein Passant fragt ihn: „Was suchen Sie denn da?" „Meinen Schlüssel", antwortet der Betrunkene. „Haben Sie ihn denn hier verloren?", fragt der Passant. „Nein", meint der Betrunkene. „Ja, warum suchen Sie ihn denn dann hier?" Und die Antwort: „Weil hier Licht ist."

Das zweite Beispiel berichtet von einer Identifizierung: Wenn Menschen, zu denen eine tiefe Bindung besteht, aus einer Familie ausgeschlossen werden - in diesem Beispiel der gefallene erste Mann der Mutter -, so sorgt ein in Familien wirkendes „Ganzheitsgewissen" dafür, daß Nachfolgende - Kinder oder Enkel - das Leben und das Schicksal des Ausgeschlossenen unbewußt nachahmen und so dem Betreffenden seine Zugehörigkeit zur Familie erhalten.

*Ein schwermütiger 38-jähriger Mann hatte drei tiefgehende Liebesbeziehungen, aus denen 2 Kinder hervorgegangen waren, im Laufe der letzten Jahre aus nicht recht nachvollziehbaren Gründen aufgegeben und war dabei, eine weitere von ihm als gut und innig geschilderte Beziehung zu einer Frau abzubrechen. In der Aufstellung zeigte sich, daß er mit dem ersten Mann seiner Mutter identifiziert war, der ganz jung im Krieg gefallen war. Die Mutter hatte diesen Mann sehr geliebt, ihn dann aber „vergessen", um sich und ihren Ehemann, den Vater des Mannes, nicht zu belasten. Die tiefe Bindung der Mutter an ihren ersten Ehemann aber wurde gewürdigt, am Leben erhalten und fortgesetzt in der innigen Bindung zwischen Mutter und Sohn und dessen unbewußter Aufgabe, an den vergessenen Mann zu erinnern. Und so mußte er im Leben fühlen wie einer, der sowieso bald stirbt und der das seinen Nächsten nicht zumuten will: Er verließ Frauen und Kinder rechtzeitig, um ihnen seinen frühen Tod zu ersparen, den er für gewiß halten mußte.*
*Die Lösung für diesen Mann bestand in der Einbeziehung des ersten Ehemannes der Mutter in seine Familie - zunächst in der Familienaufstellung und damit in ein neues inneres Bild von seiner Familie -, in der Anerkennung der tiefen Liebe der Mutter zu diesem Mann und vor allem darin, als Sohn zu seinem Vater zu finden, zu dem er in seiner Verstrickung bisher kaum Zugang gefunden hatte. Diese Schritte ließen erstmals seit langer Zeit die depressive Schwere von ihm abfallen, und es blitzte Lebensfreude auf, wie er sie unter dem Druck des von ihm nachgelebten fremden Schicksals noch kaum je verspürt hatte.*

Dieser Mann mußte unter dem Einfluß einer völlig unbewußten Dynamik die Überzeugung entwickeln, er sei liebesunfähig und suche sich darüber hinaus immer die falschen Partnerinnen. Die Konsequenzen dieser „Blindheit", die viele von uns auf ihre Weise mit diesem Mann teilen, sind schwerwiegend und führen uns und unsere Nächsten u.U. in schwerstes Leiden. Eine der Möglichkeiten, aus diesem Leiden die Kraft zum Handeln und zum Guten zu beziehen, besteht in der Klärung der Situation in Familienaufstellungen.

Auch in dem dritten Beispiel wird eine Dynamik deutlich, die eine ganz andere Perspektive und damit auch bisher verschlossene Lösungsmöglichkeiten eröffnet. Daß auch hier, wie in den ersten beiden Beispielen, der zweite Weltkrieg noch weiterwirkt, ist nicht zufällig. Die zutiefst erschütternden Erfahrungen von Zerstörung, Verlust und Schuld in der Großeltern- und Elterngeneration wirken noch tief in die Gegenwart hinein. Familienaufstellungen können dabei helfen, diese Wirkungen zu erkennen und mit Schritten zu Versöhnung und Heilung zu beginnen.

*Eine 41-jährige Frau mit zwei Kindern aus erster Ehe und drei Kindern aus ihrer jetzigen Ehe hatte sich von ihrem Mann getrennt wegen einer langen Reihe immer wiederkehrender Kränkungen durch ihren Mann. Sie hatte aber ein unbestimmtes Gefühl, daß sie mit der angestrebten Scheidung vielleicht etwas falsch machte, und wollte das in einer Aufstellung ihrer Gegenwartsfamilie klären. In dieser Aufstellung empfanden alle Stellvertreter der betreffenden Familienmitglieder sofort eine große, unbestimmte Angst, deren Ursprung im Hintergrund des Vaters der Frau lag, wie Schritt für Schritt deutlich wurde. Ihr Vater war zu Beginn des Krieges als junger Mann eingezogen worden, um sich nach einem Jahr plötzlich an einen besonders gefährlichen Frontabschnitt versetzen zu lassen mit der ausdrücklichen Absicht, dort umzukommen. Er kehrte jedoch unversehrt aus dem Krieg zurück. Seine Selbstmordabsicht - das ergaben die Informationen der Frau und die Hinweise aus der Familienaufstellung - war in einem schweren Schuldgefühl begründet, das er als Überlebender den Opfern des Krieges gegenüber empfand.*
*Als die Kriegsopfer, symbolisch vertreten durch drei Personen, in die Aufstellung dazukamen, spürte die aufstellende Frau sofort eine starke Verbindung zu ihnen, war zutiefst erschüttert und konnte sich kaum noch alleine auf den Beinen halten. Sie war mit dem Schicksal dieser Gefallenen und den ihnen geltenden Gefühlen ihres Vaters innerlich tief verbunden.*
*Wie es in solchen Situationen oft ist, entwickelte sie als Kind unbewußt die Vorstellung, daß sie ihrem Vater die Tendenz, fortzugehen und zu sühnen, abnehmen könnte, indem sie selbst fortgeht und leidet - eine Tendenz, die ihre Kinder und ihr Mann als unbestimmte Bedrohung erlebten.*
*Als der Vater sich tief vor den Kriegsopfern verneigte, hatte er zunächst selbst das Gefühl, nicht mehr leben zu sollen. Als die Toten sich jedoch durch diese Geste des Vaters in ihrem Schicksal gesehen und gewürdigt fühlten, wurden sie ruhig, spürten keinerlei Vorwurf oder Verurteilung und empfanden Wohlwollen den Lebenden gegenüber. Das half dem Vater, seiner Tochter zu sagen, daß er seine Schuld und seine Last selbst tragen will und daß sie frei davon ist: „Laß es bei mir, ich trage das alleine. Du bist nur meine Tochter. Ich möchte, daß du bleibst." Die Frau entlastete das sehr.*
*Und so konnte sie schließlich ihren Kindern sagen: „Ich gehe nicht fort, ich bleibe", was die Kinder enorm erleichterte.*

*Nun konnte sie sehen, daß sie in ihrer unbewußten Verstrickung mit einem fremden Schicksal immer „irgendwie woanders" und oft nicht richtig da war in ihrer Ehe. Davon blieb unberührt, daß auch der Mann seinen eigenen Beitrag zu den Eheproblemen zu verantworten hatte. Und so schauten sich die beiden am Ende ernst und nachdenklich an, wie nach einem langen Kampf. Und wie am Beginn eines langen Weges.*

**Die Wirkungen des Innehaltens**

Das Innehalten in Familienaufstellungen, das uns eine andere Sicht von uns selbst und von unseren Nächsten ermöglicht, kann zwei Wirkungen haben.

Zum einen kann die blinde Automatik eines Trennungsvorgangs verlangsamt und vielleicht sogar aufgehalten werden, wenn neue Einsichten den alten Begründungen für die Trennung den Boden entziehen. So kann vielleicht ein behutsamer Neubeginn möglich werden.

Vielleicht sind aber Trennung und Scheidung nicht mehr aufzuhalten, weil schon zu viele unumkehrbare Entscheidungen gefallen und die Partner einander schon zu weit entfremdet sind. Dann können die in einer Familienaufstellung gewonnenen Einsichten in schicksalhafte Zusammenhänge eine große Hilfe sein, mit den Gefühlen von Verletzung und Schuld weniger ichbezogen und achtsamer umzugehen. Die Partner können einander leichter respektieren, können leichter voneinander lassen, eigene Schuld anerkennen und vor allem: Sie können das Wohl ihrer Kinder ganz in den Vordergrund rücken, weil sie sich selbst nicht mehr wie geschädigte Kinder fühlen müssen. So kann die Klärung in Familienaufstellungen eine hilfreiche Voraussetzung dafür sein, Unterstützung in einem Mediatonsverfahren (1) zu finden.

**Exkurs: Trennung und Scheidung nach Abtreibung**

Eine Abtreibung führt oft zur Beendigung der Paarbeziehung, auch wenn diese äußerlich noch fortbestehen mag. Ganz gleich, welche Vorstellung ein Paar bewußt mit einer Abtreibung verbindet, sie wird in der Seele immer auch als ein tiefer, schmerzlicher Eingriff in das Leben der Eltern und als Schuld erlebt. Bleibt das Erleben von Schmerz und Schuld unbewußt, so kann es zu dem ebenfalls unbewußten Bedürfnis führen, für die Schuld zu sühnen und zu bezahlen. Wir entwickeln dann u.U. die Neigung zu manchmal schweren Erkrankungen, zu Schwermut und Lebensmüdigkeit und zum Scheitern unserer Liebesbeziehungen und suchen dafür die Begründungen oft in ganz anderen Zusammenhängen.

Damit folgen wir der magischen Vorstellung, daß wir uns durch eigenes Leiden dem Schicksal des geschädigten Kindes angleichen und damit unsere Schuld abgelten könnten, bis sie abgetragen ist. Diese „Lösung" ist aber auf doppelte Weise schlimm: Das Abgelten der Schuld ist endlos, niemand kann sagen „Jetzt ist es vorbei", so als sei die Schuld durch Bezahlen ungeschehen zu machen. Die unbewußte Neigung zu selbstquälerischer Lebenseinschränkung bleibt bestehen und belastet chronisch uns

und unsere Nächsten.
Die andauernde Sühneneigung der Eltern ist aber auch schlimm für das abgetriebene Kind. Wenn wir uns vorstellen, daß ihm zunächst alles abverlangt wurde und daß dann dieses Opfer ganz sinnlos gewesen ist, weil es nun auch noch für andere Menschen belastende Folgen nach sich zieht, so ist dieses Kind ein zweites Mal gestraft: Sein Schicksal wird zu einer Quelle von Krankheit und Not, und liebevolle Aufnahme und Zugehörigkeit werden ihm auf diese Weise verwehrt.

So ist es das abgetriebene Kind selbst, das uns hilft, eine gute Lösung zu finden. Und das heißt: daß aus der Schuld der Abtreibung die besondere Kraft zu etwas Gutem wird. Wenn es den Eltern gelingt, auf jede Rechtfertigung und Schuldzuweisung zu verzichten; und wenn es ihnen gelingt, ihr abgetriebenes Kind anzuschauen und sich von ihm anschauen zu lassen, kann ein tiefer Schmerz und ein tiefes Bedauern in ihnen aufsteigen darüber, was sie ihrem Kind abverlangt haben. Wenn sie das große Geschenk dieses kleinen Kindes - sein Leben - würdigen und annehmen und diesem Kind nun in ihrer Seele und in ihrem Herzen einen guten Platz geben, dann wird es dort zu einem Licht und zur Quelle einer besonderen Kraft für etwas Gutes im Leben der Eltern, die sie ohne dieses Kind nicht hätten. Mit „Kraft für etwas Gutes" sind nicht etwa erbauliche Gedanken oder ein kurzes karitatives Aufwallen gemeint. Es geht dabei um einen grundsätzlichen und dauernden Wandel, der sich einstellt, wenn das Sühnestreben aufhört und der heilsamen Kraft weicht, die aus dem Anerkennen von Schuld erwächst.

Es ist dies eine besonders beglückende Erfahrung in Familienaufstellungen: Wenn Schuldzuweisung und Selbstbezichtigung der ruhigen Wahrnehmung eigener Schuld weichen, verschwindet das quälende Schuldgefühl und wandelt sich in eine Kraft, die nicht anders kann, als dem Leben zu dienen. Eine mögliche erste Wirkung dieser guten Kraft ist die, daß Eltern ihren Schmerz über die Abtreibung miteinander teilen und darüber eine Verbundenheit erleben können, die etwas Stilles, Sanftmütiges und Bescheidenes mit sich bringen kann.

Und so möchte ich abschließend eine weitere lebensdienliche Möglichkeit von Familienaufstellungen beschreiben, die manchmal das Leid von Trennung und Scheidung verhindern kann: die Vorsorge.

**Bevor das Kind in den Brunnen fällt: Familienaufstellungen bei Familiengründung und Schwangerschaft**

Wenn eine Frau und ein Mann sich zusammentun, so bringen sie den Reichtum und die Bürde vieler gelebter Leben aus ihren Herkunftsfamilien in ihre Beziehung mit ebenso wie das Leben mit früheren Partnern und vielleicht auch Kindern aus früheren Verbindungen.
Je mehr wir uns dieser Verbindungen und ihrer guten wie belastenden Wirkungen bewußt sind, desto klarer können wir einander als Partner sehen und unseren Kindern Sicherheit geben, wie das die o.g. drei Beispiele angedeutet haben.

Eine besonders schöne Möglichkeit dieser Bewußtwerdung ist die vorsorgliche Klärung der Familiensituation, wenn ein Kind sich ankündigt.
Dazu noch einmal ein Beispiel aus einer Familienaufstellung:

*Eine 37-jährige Frau hatte kürzlich zum zweiten Mal geheiratet und war im 7. Monat mit einem Mädchen schwanger. Ihr Mann hatte sich vor zwei Jahren von seiner ersten Frau getrennt, mit der er zwei halbwüchsige Kinder hat.*
*Die schwangere Frau sprach über die erste Frau ihres Mannes in einem irritiert-ärgerlichen Ton und berichtete auf entwertende Weise über deren Verfehlungen. In der Aufstellung gab sie ihr einen Platz, der weit entfernt vom Rest der Familie war, wo diese Frau sich sehr unwohl und angespannt fühlte.*
*Die Stellvertreterin des noch ungeborenen 7-monatigen Mädchens verhielt sich merkwürdig: Sie tanzte aufgeregt in der Familie herum und machte ständig auf sich aufmerksam. Sie fühlte sich sehr zu der ersten Frau ihres Vaters hingezogen und sagte mit Bestimmtheit: „Wenn die da draußen bleibt, werde ich wie sie!" Als diese Frau dann einbezogen und von der schwangeren Frau als die erste Frau ihres Mannes anerkannt wurde, begann Ruhe einzukehren. Die aufgeregte kleine Tochter konnte aber erst ganz zu sich kommen und ihren Platz ganz nahe bei ihren Eltern finden, als ihre Mutter es fertigbrachte, ihre Abwertung der ersten Frau ihres Mannes aufrichtig zu bedauern und diese Frau um ihr Wohlwollen für die neue Familie zu bitten. Der ersten Frau des Mannes wurde es bei dieser Anerkennung ganz warm ums Herz, sie konnte mit guten Wünschen auf die Familie schauen und sich dann ihrem eigenen Leben zuwenden.*

Wir begegnen in diesem Beispiel wieder jenem Ganzheitsgewissen, das jedem Mitglied einer Familie ganz unabhängig von dessen Verhalten seine Zugehörigkeit zusichert. Wenn, wie in diesem Fall, einer früheren Partnerin z.B. aus „moralischen Gründen" ihre Zugehörigkeit als erste Frau des Mannes verweigert wird, so wird ein Kind unbewußt gezwungen, diese Frau zu vertreten und als ein ständiger Störenfried auf sie aufmerksam zu machen. Das Leben eines solchen Kindes und damit der ganzen Familie ist damit von Anfang an von einem systemischen Unbewußten überschattet und belastet.
Eine solche Entwicklung gehört zu dem vermeidbaren Leiden einer Familie, weil wir vom Leben mit der wohl wertvollsten Mitgift ausgestattet sind: der Fähigkeit zu Einsicht und Bewußtwerdung.
In Familienaufstellungen, so habe ich zu zeigen versucht, können wir von dieser Mitgift auf besonders schöne Weise Gebrauch machen.

## Literatur - Anregungen zum Weiterlesen


1. *Josef Duss-von Werdt / Gisela u. Hans-Georg Mähler* (Hg.), Mediation - die andere Scheidung, Klett-Cotta Verlag 1995
2. *Alfons Guggenbühl-Craig*, Die Ehe ist tot - Lang lebe die Ehe, Kösel-Verlag 1990
3. *Anton Suitbert Hellinger*, Ordnungen der Liebe, Carl-Auer-Systeme Verlag 1994
4. *Hans Jellouschek*, Die Kunst als Paar zu leben, Kreuz-Verlag 1992
5. *Robert A Johnson*, Traumvorstellung Liebe - Der Irrtum des Abendlandes, Knaur Verlag 1987
6. *Albrecht Mahr*, Die Weisheit kommt nicht zu den Faulen - von Geführtwerden und Technik in Familienaufstellungen, in: Gunthard Weber (Hg.), Praxis des Familienstellens, Carl-Auer-Systeme Verlag 1997
7. *Gunthard Weber* (Hg.), Zweierlei Glück - Die Systemische Psychotherapie Bert Hellingers, Carl-Auer-Systeme Verlag 1993
8. *Jürg Willi*, Was hält Paare zusammen?, Rowohlt Verlag 1991

# Systemische Beratung und christlicher Glaube
## Zur Spiritualität der Begleitung bei Trennung und Scheidung

*Elisabeth Mackscheidt*

Bei meiner Arbeit als systemisch orientierte Beraterin ist mir im Laufe der Jahre immer deutlicher bewußt geworden, daß es eine Affinität gibt zwischen dem von mir geforderten beraterischen Umgang mit Menschen und dem, was ich als katholische Theologin in die Pastoral einzubringen versuche (1). Ich möchte diese Parallele am Beispiel der pastoralen Begleitung von Menschen in Trennungs- und Scheidungskrisen aufzeigen, wobei ich jeweils von einer für systemische Arbeit typischen Sicht- und Handlungsweise ausgehen werde.

### Den Blickwinkel erweitern

Systemische Beratung setzt darauf, daß schon allein dadurch, daß dem Klienten ermöglicht wird, das, was er tut und erfährt, mit anderen Augen, aus neuer Perspektive zu betrachten, er Entlastung und Handlungsspielraum gewinnen kann. Einerseits erweitert die Sichtweise der BeraterIn den Blickwinkel, und andererseits wird etwa ein Paar oder eine Familie angeregt, miteinander die unterschiedlichen Sichtweisen auszutauschen. So erweitert sich der Kontext, auf den der einzelne das, was er tut und erfährt, beziehen kann.

Auch der christliche Glaube bedeutet eine Kontexterweiterung. Auch er stellt nicht etwa spezifische Lösungen für Probleme zur Verfügung, sondern führt eine heilsgeschichtliche Perspektive ein, die die eigene Lebensgeschichte in einen anderen, größeren Sinnzusammenhang stellt. Die Perspektive des christlichen Glaubens ist eine eschatologische Perspektive, d.h., erst der neue Himmel und die neue Erde werden die Vollendung des Reiches Gottes bringen. Auf diesem Hintergrund gibt es eine "christliche Relativierung jeder endlichen Lebensgestalt" (2).

Für Menschen, die darunter leiden, daß ihr Entwurf einer dauerhaften Partnerschaft nicht geglückt ist, bedeutet dies die tröstliche Botschaft, daß uns Christen die Freiheit geschenkt wurde, versöhnlich mit dem Fragmentarischen in unserem Leben umzugehen, zu Brüchen und Abbrüchen in unserer Biographie zu stehen und auch einer Liebe, die zu Ende ging, ihren Sinn zu lassen. Auch die Ehe ist eine Sozialgestalt, die der Gebrochenheit unserer irdischen Existenz unterliegt; auch in diesem existentiellen Bereich dürfen wir u.U. Neuentscheidungen wagen.

Ein christlicher Umgang mit der Institution Ehe sollte demnach einer Idealisierung der Ehe entgegenwirken. Dazu gehört auch, daß das "unauflösliche" Eheband nicht in ontologischer Überhöhung als statische Größe verstanden wird (3). Wenn das Ende einer ehelichen Beziehung nicht schlechthin als Katastrophe gedeutet wird, kann der Gefahr begegnet werden, im nachhinein diese Beziehung insgesamt zu entwerten. Bei der Verarbeitung einer Scheidung geht es ja darum, im Rückblick die Liebe, die man empfangen hat, und vor allem die Liebe, die man gegeben hat, als bleibenden Ertrag in den eigenen Selbstentwurf zu integrieren. Solche Überlegungen sollten auch bei einer kritischen Reflexion der katholischen Annulierungspraxis mitbedacht werden.

**Neue Deutungen ermöglichen**

Systemische Wege, zu konstruktiven Lösungen zu gelangen, führen vorrangig über eine Umdeutung dessen, was Menschen miteinander erfahren. Es wird nicht in erster Linie zu alternativem Verhalten aufgefordert - auch wenn dies in eher spielerisch-experimenteller Form als Intervention vorkommen mag; es wird vielmehr die Möglichkeit eröffnet, das gleiche Verhalten über einen Wechsel der Perspektive anders, und zwar positiver, zu interpretieren, ohne daß dabei die Schmerzen verleugnet würden (4). Auf der Basis einer dadurch neu gewonnenen Wertschätzung der eigenen Person und bedeutsamer anderer Personen kann dann oft auch ein alternatives *Verhalten* entwickelt werden.

Auch die Botschaft Jesu ist in erster Linie nicht eine Morallehre, eine Aufforderung, Verhalten an bestimmten Normen zu messen; sie ist in erster Linie ein Zuspruch - systemisch würden wir vielleicht sagen: eine Zuschreibung - von Heil, ein Zuspruch, auf den hin wir es allererst wagen können, auch das Unheil wahrzunehmen, Umkehr zu versuchen, weil die Schuld uns schon vergeben ist. Im Zentrum steht die Erfahrung von Erlösung, die in der christlichen Tradition bis hin zu der Umdeutung einer *felix culpa* geführt hat.

Im Erleben von Partnern, die sich trennen, spielt das Schuldthema fast immer eine große Rolle. Die Chance einer christlichen Spiritualität liegt nicht zuletzt in der Möglichkeit, sich auch mit dem Anteil eigener Schuld aussöhnen zu können. Die Erfahrung lehrt zwar, daß gerade in der Gestaltung von Beziehungen es oft ein unentwirrbares Ineinander von Freiheit und Gebundenheit gibt, so daß der bloße Gesichtspunkt moralischer Schuld zu kurz greifen würde. Auch gilt es, die strukturellen, gesellschaftlichen Bedingungen mitzuberücksichtigen, die das Leben in Partnerschaft, Ehe und Familie heute erschweren (5). Oft geht es also weniger um eine Auseinandersetzung mit Schuld als vielmehr um das Eingeständnis der Ohnmacht, nicht immer des Glückes Schmied sein zu können; und auch da kann die christliche Sicht auf die Geschöpflichkeit uns zur Annahme unserer Begrenztheit verhelfen. Dennoch ist es wichtig, nicht weggucken zu müssen von dem - vielleicht sehr begrenzten - Bereich eigener Schuld, weil das helfen kann, einerseits die eher verschwommenen und manchmal auch überbordenden Schuld*gefühle* zu verlieren und andererseits auch nicht im anderen nur den Bösen sehen zu müssen. Beides legt Kräfte frei für die Schritte, die jetzt anstehen.

Wenn man diese Zusammenhänge bedenkt, so leuchtet ein, wie kontraproduktiv sich jedwede moralische Verkürzung der christlichen Botschaft auf die Situation von Menschen, die sich trennen, auswirken kann. Ich denke dabei auch an den spezifischen Umgang der katholischen Kirche mit Wiederverheiratung, durch den zumindest der Eindruck entstehen kann, im Bereich der Gestaltung von Partnerschaft und Ehe könne es Schritte geben, die zu einer Schuld führen, die nicht verziehen werden kann - wenn es keine Entlastung durch das Bußsakrament gibt. Gewiß betrifft dies nicht unmittelbar die Situation geschiedener Menschen, sondern nur die wiederverheirateter Geschiedener; dennoch belastet dieses Problem schon die Situation nach Scheidung überhaupt, zumal für viele Menschen eine neue Partnerschaft als mögliche Lebensperspektive eine zentrale Rolle spielt.

**Gute Beweggründe aufdecken**

Systemische Beratung fußt auf der Einsicht, daß eine der erhellendsten Fragen im Blick auf menschliches Verhalten die ist: "Wer tut hier wem zuliebe was?" Jahrzehntelange Erfahrungen in der Arbeit mit Familien, Paaren und auch Einzelnen haben gezeigt, daß im Miteinander der Generationen ein Loyalitätszusammenhang entsteht, der dazu führt, daß nicht nur Eltern für ihre Kinder und Kindeskinder, sondern umgekehrt auch Kinder für ihre Eltern und Großeltern Sorge übernehmen; natürlich gibt es auch Loyalitäten zwischen Geschwistern und darüber hinaus neue Loyalitätsstrukturen, etwa durch Partnerschaften oder Freundschaften. Beeindrukkend ist dabei vor allem die Erfahrung, daß gerade das, was die Familie als Störung, als "Symptom" erlebt, letztlich oft der Motivation entspringt, etwas Hilfreiches für diejenigen Menschen zu tun, für die - zumindest unbewußt - Sorge übernommen wurde.

Dieser tiefe Respekt davor, daß wir Menschen auf Liebe und Solidarität hin angelegt sind, macht m.E. den Kern der Affinität zwischen einem christlichen Menschenbild und einem systemischen Persönlichkeitsmodell aus. Wenn wir davon ausgehen dürfen, daß Gott Liebe ist und daß wir nach seinem Bild geschaffen sind, so erscheint es als stimmig, daß unsere erste und eigentliche Bewegung die ist, produktiv für andere sein zu wollen. In aller Bescheidenheit darf ich hier auf das Verdienst gerade der katholischen Theologie hinweisen, diese Facette christlicher Wahrheit - daß der Mensch als gute Kreatur des Schöpfergottes verstanden werden darf - in besonderer Weise tradiert zu haben.

Bei der Begleitung von Menschen in Trennungs- und Scheidungskrisen ist es wichtig, davon auszugehen, daß hinter der Entscheidung zur Trennung, wenn sie denn als aktiver, selbstverantworteter Schritt erlebt wurde, im Zweifelsfall gute Motive stehen - vielleicht die Überzeugung, nur so dem eigenen Entwurf von Liebe treu bleiben zu können; vielleicht die Vorstellung, nur so die Werte hochhalten zu können, die in der Herkunftsfamilie weitergegeben wurden; vielleicht die Herausforderung, nur so sich und die Kinder schützen zu können; vielleicht sogar, bewußt oder unbewußt, der Wunsch, nicht nur sich selbst, sondern auch dem Partner/der Partnerin Weiterentwicklung zu ermöglichen. Das Bewußtsein, unter dem wohlwollenden Blick eines Gottes leben zu dürfen, der den Menschen geschaffen und erlöst hat, steht, denke ich, in tiefem Einklang mit dieser Suche nach dem guten Boden einer meist höchst ambivalent erlebten Entscheidung.

Die kostbare Leitidee, eine Partnerschaft so lebendig zu erhalten, daß der Satz "Bis daß der Tod Euch scheidet" eingelöst werden kann, darf nicht gewissermaßen automatisch zu einer moralischen Verurteilung von Entscheidungen führen, eine eheliche Beziehung zu beenden. Wir müssen auch im kirchlichen Alltag - nicht nur im theologischen Disput, wo es ja schon geschehen ist - mehr Raum geben dafür, daß Menschen ihre eigene Entscheidung zur Trennung und möglicherweise auch zu einer Wiederheirat als ethisch hochstehende Antwort zu deuten vermögen.

## Auf die Stärken schauen

Der Wandel im beraterisch-therapeutischen Handeln, den systemische Arbeit z.T. über ihre eigenen Schulrichtungen hinaus hervorgerufen hat, kann auch unter der Überschrift zusammengefaßt werden "Von einer Defizitorientierung zu einer Ressourcenorientierung". Selbst das Störende, vielleicht sogar Destruktive von seiner - dem System - dienlichen, produktiven Seite sehen zu können, ermöglicht eine stringente Konzentration auf die Kraft, die Kreativität, mit der Menschen ihrer Sorge füreinander nachzukommen versuchen (6). Den Blick der Ratsuchenden auf ihre eigenen Ressourcen und auf die ihres Umfeldes zu richten, spielt als Leitlinie für systemische Interventionen eine herausragende Rolle.

Jesus von Nazareth, zu dessen Nachfolge wir ermutigt sind, hat Menschen herausgerufen aus ihrer Krankheit, Schuld und gesellschaftlichen Ächtung, indem er ihnen ermöglicht hat, sich als jemanden zu erfahren, der an Gottes Heilszuspruch glaubt (z.B. Mt. 9,27ff,: Heilung von zwei Blinden; Mk. 5,34: Heilung einer kranken Frau); der für andere bedeutsam ist

(Mk .12,43: Opfer der Witwe; Lk. 19,1ff.: Zöllner Zachäus); der Liebe schenken kann (Mt. 26,6ff.: Salbung in Betanien; Lk. 15,25ff.: älterer Bruder im Gleichnis vom verlorenen Sohn); der teilen kann (Joh. 6,1 ff.: Speisung der Fünftausend); der umkehren und danken kann (Lk. 17,15ff.: dankbarer Samariter). Im Bewußtsein seiner eigenen vorbehaltlosen Annahme durch den Vater im Himmel hat Jesus jene positiven Zuschreibungen gemacht, die uns deutlich werden lassen, daß wir Menschen immer schon vom Heil umfangen sind - daß das Reich Gottes keine ferne Idee ist, sondern schon begonnen hat.

Nach einer Trennung heißt Ressourcenorientierung, die Entwicklungschancen in den Blick zu nehmen, die in dieser Lebenskrise stecken, z.B.: sich in nie geübten Rollen und Funktionen erleben; die Tiefe der eigenen Gefühle ausloten; die Tragfähigkeit alter Freundschaften einschätzen können und neue Freundschaften schließen; Solidarität erfahren und schenken; Hilfe annehmen lernen; zur Verarbeitung alter Trennungen - zur Individuierung in der eigenen Herkunftsfamilie - herausgefordert sein; erhöhte Sensibilität und Toleranz für die Wege und Umwege im Leben anderer Menschen gewinnen. Einander dafür Anerkennung auszudrücken, bedeutet für Christen, den Segen konkret werden zu lassen, den die Kirche Liebenden mit auf den Weg gibt und der auch für mögliche Zeiten eines Abschieds gilt.

Negativ dagegen wird sich auf die Situation von Menschen nach einer Trennung all das auswirken, was ihr ohnehin oft gesunkenes Selbstwertgefühl belastet: sie an den Rand der Gemeinde drängen oder, oft besser gesagt, sie nicht vom Rand in die Mitte bitten; ihre Trauer nicht würdigen; eine Sprache benutzen, die die Chancen dieser Lebenssituation vergessen läßt. Die Gemeinde kann und sollte vielmehr ein Ort sein, wo die Stärken geschiedener Menschen dadurch sichtbar zum Tragen kommen, daß diesen in ungehinderter Weise repräsentative Aufgaben anvertraut werden und sie ausdrücklich gebeten werden, ihre spezifische Erfahrung in das Leben der Gemeinde einzubringen.

**Die Zukunft ins Auge fassen**

Zukunftsorientierung gehört zu den Charakteristika systemischer Beratung. Wenn über hypothetische Fragen dazu angeregt wird, Zukunft bzw. Zukünfte zu entwerfen, so soll dies Kreativität freisetzen für alternative Möglichkeiten, das zukünftige Leben zu gestalten. Das trägt mit dazu bei, daß nicht das Problem, sondern seine Lösung ins Zentrum der Aufmerksamkeit rückt.

Aus meiner Sicht gehört die einzigartige Basis, die der christliche Glaube für das "Prinzip Hoffnung" (Ernst Bloch) abgibt, zum eigentlich Unterscheidenden des Christlichen. Als Glaubende sind wir hineingenommen in das

Heilsgeschehen von Tod und Auferstehung. Die Sakramente - wobei im katholischen Verständnis auch die Ehe ein Sakrament ist - sind gewissermaßen Kristallisationspunkte dieser einen großen Bewegung (7). Wir dürfen das Leben wagen, und das heißt auch, das Sterben wagen - den Tod in seiner Endgültigkeit und die vielen Tode, die die Durchgangsstufen unseres persönlichen Lebens ausmachen.

Insbesondere in Krisensituationen hat es sich bewährt, das Augenmerk auf die Schritte zu lenken, die in naher Zukunft getan werden können, und auch weiterreichende Perspektiven zu eröffnen. So war nicht nur der hohe Regelungsbedarf bei Trennung und Scheidung Anlaß für die Einsicht, daß die Kraft zu einer möglicherweise noch ausstehenden Aufarbeitung der zurückliegenden Beziehungsgeschichte eher dann gewonnen werden kann, wenn in der akuten Trennungssituation der Blick erst einmal nach vorne gerichtet wird und stabilisierende Erfahrungen bei der Gestaltung der neuen Lebenssituation gemacht werden können. Letzteres aber setzt voraus, sich eine gute Zukunft überhaupt zuzugestehen. In einer solchen Situation kann der christliche Glaube sich als tragend erweisen - der Glaube an einen Gott, der Zukunft eröffnet; der will, daß wir das Leben in Fülle haben; der nie aufhört, uns zu einem Neuanfang einzuladen.

Kirche, Gemeinde könnte ein Umfeld sein, in dem Menschen nach Trennung und Scheidung ermutigt werden, ihre je eigenen Neuanfänge zu wagen. Es könnte Platz da sein für die oft zunächst vorsichtigen Schritte, wieder Vertrauen in die Tragfähigkeit von Beziehungen zu gewinnen. Im Hinblick auf den Weg der meisten Menschen würde das allerdings bedeuten, daß Christen sich stärker und öffentlicher als bisher um eine Auseinandersetzung und Konsensfindung bemühen müßten in der Frage, wie wir zu einer menschenfreundlicheren Kultur der Sexualität finden können. Dazu würde dann sicherlich der Versuch gehören, eine Ethik und Spiritualität zu entwickeln, die dem Wegcharakter des erotisch-sexuellen Lebens gerecht wird. Auch gälte es, offen dafür zu bleiben, daß nicht zuletzt der Neuanfang einer Wiederheirat die Konkretion sein kann, mit der Menschen ihre Hoffnung auf die Verheißung der "Auferstehung" aufrechterhalten (8), und daß manchmal auch die Umkehr auf diese Weise gelebt werden möchte (9).

**Sich allparteilich zuwenden**

Die Loyalitätsstruktur einer Familie (oder anderer dauerhafter Bezugsgruppen) führt dazu, daß man einem Familienmitglied letztlich nur weiterhelfen kann, wenn man die Bedürfnislage und die Entwicklungschancen *aller* Familienmitglieder mit im Blick hat. Eine systemisch orientierte Familienberatung wendet sich deshalb allen Mitgliedern der Familie gleichermaßen zu; und auch wenn ihr Gegenüber ein Einzelner ist, wird dessen bewußter oder unbewußter Wunsch respektiert, mit den eigenen Schritten gleichzeitig hilfreich für andere Familienmitglieder sein zu wollen. Wenn Systemiker eher von Neutralität als von Allparteilichkeit sprechen, so bedeutet doch auch diese Haltung keine bloße Distanzierung, sondern gleichzeitig die Bereitschaft, sich in die Sichtweisen aller Mitglieder eines Familiensystems einzufühlen und sich in ausgewogener Weise für alle zu engagieren.

Die befreiende Botschaft des Neuen Testamentes könnten wir auch als Botschaft von der Allparteilichkeit Gottes bezeichnen. Gott erklärt sich solidarisch mit den Menschen. Gott ergreift in Jesus Partei für die Menschen, und zwar für *jeden* Menschen. Jesus sprengt nicht nur die Grenzen von Nationalität, Geschlecht und Stand, sondern auch die einer Einteilung in Gerechte und Sünder. Die Lebenschancen der einzelnen Menschen gewinnen Vorrang vor Gesetz und Institution. Die Ausgegrenzten werden hereingeholt.

Selten ist es so mühsam, sich allparteilich zu verhalten, wie angesichts eines Paarkonflikts, der Spaltung einer Familie. Und doch wird in einer solchen Situation vor allem derjenige hilfreich sein können, der dazu beiträgt, daß die Interessen *aller* Familienmitglieder berücksichtigt werden; der verstanden hat, daß eine Trennung erst dann ganz vollzogen und verarbeitet werden kann, wenn jeder das Bewußtsein aufrechterhält oder wiedergewinnt, sich trotz allen Konfliktstoffs jedem Familienmitglied gegenüber loyal zu verhalten. Da kann es guttun, sich die radikale und zugleich tröstliche Botschaft von der uneingeschränkten Solidarität Gottes mit jedem einzelnen Menschen ins Gedächtnis zu rufen.

Auch dieser für die Begleitung bei Trennung und Scheidung zentrale Aspekt systemischer Beratung steht also in Übereinstimmung mit einer Haltung, um die Christen sich von altersher bemüht haben. Dennoch müssen wir eingestehen, daß nicht zuletzt im Namen des Christentums es zu moralischen Festschreibungen und zu Ausgrenzungen gekommen ist. Umso mehr sind wir herausgefordert, den Schatz zu heben, den christliche Spiritualität für eine konstruktive Beratung und Begleitung von Menschen bedeuten kann (10).

## Anmerkungen

1. Vgl. *Anselm Grün* OSB, Glauben als Umdeuten: glauben, lieben, loben, Münsterschwarzach 1986; *Elisabeth Mackscheidt*, Scheidung und Wiederheirat. Eine Reflexion theologischer Erwägungen aus der Sicht von Beratung, in: Pastoralblatt 3/1996, 78-84; *dies.*, Zur Bedeutung der Pflichtberatung aus familiendynamischer und pastoraler Sicht, in: Diözesan-Caritasverband für das Erzbistum Köln e.V. (Hg.), Bericht über die Arbeit der katholischen Beratungsstellen für Schwangere und ihre Familien 1995, Köln 1996, 49-58; *Hans-Jakob Weinz*, Christlicher Glaube als Ressource in der Beratung, in: Diözesan-Caritasverband für das Erzbistum Köln e.V. (Hg.), Systemisch orientierte Beratung für Schwangere und ihre Familien, Köln 1997, 41-56.
2. *Josef Homeyer*, zit. nach Klaus Nientiedt, Familiale Wirklichkeiten. Zwei Tagungen am Ende des "Internationalen Jahres der Familie", in: Herder-Korrespondenz 1/1995, 18.
3. Vgl. *Johannes Gründel*, Ehescheidung und Wiederheirat. Moraltheologische Erwägungen, in: Theodor Schneider (Hg.), Geschieden - Wiederverheiratet - Abgewiesen? Antworten der Theologie, Freiburg 1995, 284-298; *Richard Puza*, Die gescheiterte Ehe. Eine Anfrage an die kanonistische Lehre und Praxis, in: Theologische Quartalschrift 2/1995, 97-108; *Peter Walter*, Wiederverheiratete Geschiedene in der kirchlichen "communio", in: Theodor Schneider, a.a.O., 168-182; *Bernd Jochen Hilberath*, Sakramentalität und Unauflöslichkeit der Ehe aus dogmatischer Sicht, in: Theologische Quartalschrift 2/1995, 125-135.
4. Vgl. *Vera Loos-Hilgert/Elisabeth Mackscheidt*, Systemisch orientierte Selbsterfahrung und Praxisbegleitung, in: Diözesan-Caritasverband für das Erzbistum Köln e.V. (Hg.), Systemisch orientierte Beratung für Schwangere und ihre Familien, a.a.O., 63.
5. Vgl. *Elisabeth Bleske*, Scheitern am lebenslangen Projekt Treue, in: Concilium 5/1990, 423-430; *Hans-Jakob Weinz*, Was macht es heute so schwer, Ehe zu leben? Thesen zur Situation von Ehe heute, in: Pastoralblatt 11/1993, 343-345. *Elisabeth Mackscheidt*, Scheidung und Wiederheirat. Eine Reflexion theologischer Erwägungen aus der Sicht von Beratung, a.a.O., 79ff.
6. Vgl. *Elisabeth Mackscheidt*, Der Blick zurück allein genügt nicht - Zum systemischen Umgang mit familiengeschichtlichem Material in der Supervision, in: Supervision 33/1998, 119-126.
7. Vgl. *Lorenz Wachinger*, Paare begleiten, Mainz 1989, 90ff.; *ders.*, Geschiedene begleiten, Mainz 1995, 116ff.
8. Vgl. *Hans-Günter Gruber*, Christliche Ehe in moderner Gesellschaft. Entwicklung - Chancen - Perspektiven, Freiburg 1994, 322ff.
9. Vgl. *Ottmar Fuchs*, Nicht pastoraler Kompromiß, sondern kompromißlose Pastoral!, in: Theodor Schneider, a.a.O., 329f.
10. Vgl. auch *Johannes Böhnke*, Beratung und Spiritualität, Schriftenreihe des Diözesan-Caritasverbandes für das Erzbistum Köln e.V., Heft 27, Köln 1996.

# Gedichte

## *Abschied II*

Abschied
vor der Geburt

Geburt
nach dem Abschied

*Rose Ausländer*

## *Ein Abschied*

DU
wirst gehen
schon nagt das balde Fehlen.
Wie Japanpapier ist alles,
was vorher unzerbrechlich
genannt.

*Hartmut Miethe*

## *Abschied*

Ich ließ die Türe offen.
Langsam ging ich die Stufen.
Ich dachte: vielleicht, daß du riefest -
Aber du hast nicht gerufen.

Ach, das ist Regen
Auf meinem Gesicht.
Ich bin von dir gegangen.
Du fühltest es nicht.

*Ina Seidel*

## *Das Frühstück*

Er goß den Kaffee in die Tasse,
er goß Milch zum Kaffee,
er gab Zucker in den Milchkaffee,
er nahm den Kaffeelöffel und rührte um.
Dann trank er seinen Kaffee
und stellte die Tasse hin -
ohne mit mir zu reden.

Er zündete sich eine Zigarette an,
er blies Ringe in den Rauch,
er klopfte die Asche in den Aschenbecher -
ohne mit mir zu reden,
ohne mich anzusehen.

Er stand auf,
er setzte den Hut auf,
er zog den Regenmantel an,
denn es regnete.
Dann ging er fort in den Regen,
ohne ein Wort, ohne einen Blick.
Und ich, ich habe mein Gesicht
in die Hand gelegt und habe geweint.

*Jacques Prévert*

## *Liebe am Horizont*

Der Mann hat eine schreckliche
Unordnung in ihr Leben gebracht. Plötzlich
waren die Aschenbecher voller Asche
die Laken zweifach benutzt, verschwitzt
und alle Uhren gingen anders.
Einige Wochen lang schwebte sie
über den Wolken und küßte den Mond.
Erst im Tageslicht wurde ihre Liebe
kleiner und kleiner. Achtlos
warf er das Handtuch, blaukariert
mit dem kreuzgestichelten Monogramm
(wenn das die Mutter wüßte)
über die Schreibmaschine. Bald
konnte sie ihre Liebe schon
in einer Schublade verschließen.
Eingesperrt zwischen Plunder
geriet sie in Vergessenheit.
Später, als der Mann sie rief
wünschte sie, stumm zu sein.
Als er wieder rief, war sie schon taub.

*Ursula Krechel*

## *Die Zeit ist hin*

Die Zeit ist hin; du löst dich unbewußt
Und leise mehr und mehr von meiner Brust;
Ich suche dich mit sanftem Druck zu fassen,
Doch fühl ich wohl, ich muß dich gehen lassen.

So laß mich denn, bevor du weit von mir
Im Leben gehst, noch einmal danken dir;
Und magst du nie, was rettungslos vergangen,
In schlummerlosen Nächten heimverlangen.

Hier steh ich nun und schaue bang zurück;
Vorüber rinnt auch dieser Augenblick,
Und wieviel Stunden dir und mir gegeben,
Wir werden keine mehr zusammen leben.

*Theodor Storm*

## *Ungetrost*

Die Last eines welken Blattes
auf deiner Brust: Ein Erinnern
an jemand der dich verließ
um nur in Träumen wiederzukehren.
Immer erscheinen die Geister
ungerufen. Ihre Hände wie Luft
ihre Bedeutung nicht zu verstehen.
Selbst der Schmerz des Körpers
ist wirklicher
obwohl er unvorstellbar bleibt.
Alles
was gewesen ist verweigert sich
dem Wunsch
es sei nie geschehen
oder stünde erst bevor: Als Glück
aber diesmal -

*Günter Kunert*

## *Bitter und Schnell*

Bitter und schnell kam das Ende,
doch langsam und süß war die Zeit mit dir,
langsam und süß waren die Nächte,
als meine Hände sich nicht in Verzweiflung
berührten, sondern in Liebe deinen Körper,
der in ihnen lag.
Als ich eindrang in dich,
war das die einzige Quelle großen Glücks,
genau am scharfen Schmerz bemessen. Bitter und schnell.

Langsam und süß waren die Nächte,
bitter und knirschend wie Sand ist heute die Zeit.
"Sein wir vernünftig" und ähnliche Flüche.

Wenn uns die Liebe verläßt,
dann müssen wir reden,
viele Worte und lange geordnete Sätze.

Wären wir beieinander geblieben -
könnten wir schweigen.

*Jehuda Amichai*

## *Abschied*

Wir haben im Paradies gelebt
und haben es nicht gewußt
und aber werden es wissen:
Jenseits der fröhlichen Leiden
und nach dem traurigen Glück

Wir haben es nicht gewußt
weil es ringsum bestand
wie ein unbemerkter Gesang
für den unser Gehör nicht ausreicht
Wir haben im Paradies gelebt
ineinander verschlungen
und unter Bäumen gelegen
die abgeholzt wurden
unserer Erkenntnis zuliebe

Es ging verloren
und wir merkten es nicht
bis wir irgendwann
in einem alten Kalender blättern
und es zufällig sehen

*Günter Kunert*

Wir verschoben uns gegeneinander,
deckten uns nicht mehr, Bild über Bild,
so müßten wir uns erfinden,
und wir erzählten von uns.
Aber es gab uns nicht.
Getrennt, Rücken an Rücken,
verschmolz die Haut zum Abschied.

*Alfred Kolleritsch*

*Ich kann dich noch sehn: ein Echo,*
ertastbar mit Fühl-
wörtern, am Abschieds-
grat.

Dein Gesicht scheut leise,
wenn es auf einmal
lampenhaft hell wird
in mir, an der Stelle,
wo man am schmerzlichsten Nie sagt.

*Paul Celan*

ES SCHEINT, ich darf
nicht mehr sprechen
von Zusammengehören.

Dein Gesicht
denkt mich nicht mehr,
vielleicht

wegen meiner Gedanken.

*Ernst Meister*

## *Ferngezogen, zu bleiben*

Was sich spröde
Sperrt: das Land -
Beiläufig, jetzt
Auch als Satz. Und

Was wir aus diesen
Köpfen zu streichen
Dachten, für immer -
Es läßt uns nicht

Los. Wo ein Zuhause
Wir wähnten, und Liebe,
Du weißt es, ist gar nichts -
Es sei denn, es war

Was uns trennte, alles.

Denk nach! Ich weiß nichts
Nebensächliches, hier,
Wo, was nicht wachsen kann,
Liegt, zwischen uns.

*Klaus Hensel*

## *Die eine Klage*

Wer die tiefste aller Wunden
Hat in Geist und Sinn empfunden,
Bittrer Trennung Schmerz;
Wer geliebt was er verloren,
Lassen muß was er erkoren,
Das geliebte Herz.

Der versteht in Lust die Tränen
Und der Liebe ewig Sehnen
Eins in Zwei zu sein,
Eins im Andern sich zu finden,
Daß der Zweiheit Grenzen schwinden
Und des Daseins Pein.

Wer so ganz in Herz und Sinnen
Konnt ein Wesen lieb gewinnen,
O! den tröstet's nicht,
Daß für Freuden, die verloren,
Neue werden neu geboren:
Jene sind's doch nicht.

Das geliebte, süße Leben,
Dieses Nehmen und dies Geben,
Wort und Sinn und Blick,
Dieses Suchen und dies Finden,
Dieses Denken und Empfinden
Gibt kein Gott zurück.

*Karoline von Günderode*

## *Klage I*

Niemand weiß, wie ich liebe,
Niemand, wie ich leide,
Ich fühle, daß du, mir Geschmeide,
Für andere glänzest.
Deine Formen,
Daran meine Augen lehnten,
Das Licht,
Mich durchzuckend,
Sind nun in anderen Händen,
Und für ein neues Gesicht.

*Henriette Hardenberg*

## *Aus den Liedern auf der Flucht*

6

Mund, der in meinem Mund genächtigt hat,
Aug, das mein Aug bewachte,
Hand -

und die mich schleiften, die Augen!
Mund, der das Urteil sprach,
Hand, die mich hinrichtete!

*Ingeborg Bachmann*

## *Gesänge*

I

O daß wir unsere Ururahnen wären.
Ein Klümpchen Schleim in einem warmen Moor.
Leben und Tod, Befruchten und Gebären
glitte aus unseren stummen Säften vor.

Ein Algenblatt oder ein Dünenhügel,
vom Wind Geformtes und nach unten schwer.
Schon ein Libellenkopf, ein Mövenflügel
wäre zu weit und litte schon zu sehr.

*Gottfried Benn*

## *Der schwere Abend*

Die dunklen Wolken hingen
Herab so bang und schwer,
Wir beide traurig gingen
Im Garten hin und her.

So heiß und stumm, so trübe
Und sternlos war die Nacht,
So ganz, wie unsre Liebe,
Zu Tränen nur gemacht.

Und als ich mußte scheiden
Und gute Nacht dir bot,
Wünscht' ich bekümmert beiden
Im Herzen uns den Tod.

*Nikolaus Lenau*

## *Wie sind die Tage...*

Wie sind die Tage schwer!
An keinem Feuer kann ich erwarmen,
Keine Sonne lacht mir mehr,
Ist alles leer,
Ist alles kalt und ohne Erbarmen,
Und auch die lieben klaren
Sterne schauen mich trostlos an,
Seit ich im Herzen erfahren,
Daß Liebe sterben kann.

*Hermann Hesse*

*Das*

So also ist das gewesen.
- Man frage bitte nicht, was.
Ich habe die Scherben wieder aufgelesen.
Aber alle Scherben zusammen
machen noch immer kein Glas.

*Mascha Kaléko*

*Als ich allein war* scharten sich
Kummergeschöpfe ums Haus
Kröten führten Klage unterm Regenfaß
Spinnen stiegen in leeren Netzen herum
Amsel Amsel
schwarzbefrackte
sagte mir stets ihren Spruch Verdruß
na was vier Augen zählt das Glück
vieltausend zählt die Not

*Jan Koneffke*

## *Beziehung*

Bleib so
wie du bist
sagte er
am Anfang

als er
sagte
du mußt
dich ändern
war es
schon
zu spät

*Inge Krupp*

## *Unschuldig*

Aus den Gesetzestafeln
von Stein
schreit es mich an:
Du sollst nicht...!

Mein Herz ist nicht
von Stein
und ruft zurück:
Unschuldig!

*Olly Komenda-Soentgerath*

## *Elegie*

Nie war ich aus Stein, wie an deiner Seite.

Und ich, die einst mich als Wolke träumte, als Wasser,
als Brise in Laubwerk,
als Feuer aus tausend schillernden Flammen,
ich konnte nur liegen,
lasten, wie es der Stein tut
am Hals des Ertrinkenden.

*Rosario Castellanos*

## *Versuche*

Nun habe ich also auch die Rache versucht.
Wieder war ich der Verlierer.

*Titos Patrikios*

## *Angebot*

Wenn ich, um vor dir bestehen zu können,
all mein Menschliches leugnen muß
dann schenke ich dir den Sieg - uneingeschränkt.

*Titos Patrikios*

## *Ohne Risiko*

Er hat sich
auf den Boden gelegt,
um nicht zu fallen.

Er trägt kein Hemd.
Niemand kann ihn
berauben.

Er liebt
keine Frau,
damit ihn keine verläßt.

Wäre er nicht geboren,
er müßte nicht sterben.

*Olly Komenda-Soentgerath*

## *Veränderung*

Von wem verabschieden
bei wem ankommen
Wer sollte mich vermissen
ginge ich fort
Wer sollte mich erwarten
käme ich an
Abschied hieße Trauer
Ankunft hieße Neugier
Weder traurig, noch neugierig bin ich
Die Dinge haben sich losgesagt von mir
bevor ich mich von ihnen verabschieden konnte
Sie werden mich nie mehr berühren
wo immer ich ankommen mag

*Bettina Wegner*

## *Streit bei Tisch*

Ihr sollt nicht
so doof sprechen
sagte das Kind
jammervoll
stand auf
nahm die Köpfe
von Vater und Mutter
mit seinen Händen
tat sie zusammen
und sagte
los, küßt euch

*Hilde Heyduck-Huth*

## *Seit Papa weg ist*

Im Frühling schreibe ich Gedichte,
die sind ganz hellgrün
und buttergelb.
Ich glaube nie an die Geschichte,
daß oft im März noch Schnee fällt.

Im Sommer
denk ich hellblau,
Himmel, Wasser,
und spiel mich durch die Ferien.
Bei jedem Wetter
hab ich für mich Zeit.

Im Herbst
besuch ich Oma auf dem Lande,
es riecht nach Äpfeln, Heu und Most.
Im Herbst brennt echtes Feuer,
wenn sie Kuchen backt.

Im Winter hab ich meine Freunde
im Hinterhof und vor dem Haus,
und fernsehn darf ich dann auch länger.
Vielleicht
kommt Papa ja zu Weihnachten
nach Haus.

*Christine Haidegger*

## *Ansichtskarten aus einem Hotel*

Ansichtskarten; mir geht es ganz gut; was
kann ich dir sagen; Familien auf Fahrrädern
zum Picknick unter Kiefern; Drachen, Papiervögel
und die Kreise der Reklame-Flieger; Paare
im Sonnenuntergang
                                        und was mehr noch
plötzlich traurig macht -
                                             im Rücken die Küste,
vor Augen die Dünung, so könnte ich
vergessen und weitergehen, hinab in den Horizont.

*Jürgen Becker*

## *Nichts bleibt*

Tage kommen und gehen
alles bleibt wie es ist

Nichts bleibt wie es ist
es zerbricht wie Porzellan

Du bemühst dich
die Scherben zu kleben
zu einem Gefäß
und weinst
weil es nicht glückt

*Rose Ausländer*

## *Winter*

Es hat auf die Rosen geschneit.
Die Rosen sterben im Schnee.
Will sehn, daß ich Winter und Zeit
Überblüh und übersteh.

*Eva Strittmatter*

## *Verlorene Zeit ?*

meine Zeit
unsere Zeit
gemeinsame Zeit
Eiszeit
Auszeit

meine Zeit

*Armin Beuscher*

Dreh dich um
schau auf gelebte Jahre
dankbar für Erinnerungen
auch solche eingepflanzt
in bittere Tage
die du vergessen möchtest

Dreh dich nicht um
achte nicht auf falsche Stimmen
die dich betören wollen
vergiß nicht
was nicht vergessen werden darf

*Jenny Aloni*

## *Bevor ich sterbe*

Noch einmal sprechen
von der Wärme des Lebens
damit doch einige wissen:
Es ist nicht warm
aber es könnte warm sein

Bevor ich sterbe
noch einmal sprechen
von Liebe
damit doch einige sagen:
Das gab es
das muß es geben

Noch einmal sprechen
vom Glück der Hoffnung auf Glück
damit doch einige fragen:
Was war das
wann kommt es wieder?

*Erich Fried*

## *Alles wandelt sich*

Alles wandelt sich. Neu beginnen
Kannst du mit dem letzten Atemzug.
Aber was geschehen, ist geschehen. Und das Wasser
Das du in den Wein gossest, kannst du
Nicht mehr herausschütten.

Was geschehen, ist geschehen. Das Wasser
Das du in den Wein gossest, kannst du
Nicht mehr herausschütten, aber
Alles wandelt sich. Neu beginnen
Kannst du mit dem letzten Atemzug.

*Bertold Brecht*

## *Rückkehr der Schiffe*

Du hast alles fortgehen lassen
was dir gehörte.
Auch die Erwartung.
Abgewandt stieg sie aufs Schiff,
ehe sich's löste
aus deiner Bucht.

Du vergißt dein Gesicht.
Ein Toter fast
der sich noch regt
und der sich noch die Nägel schneiden kann,
dem auch die Wangen oft naß sind,
ohne daß er merkt daß er weint.

Aber nichts stirbt ganz.
Schläft nur in dir, dem fast Toten.
Alles kann wiederkommen.
Nicht so.
Aber doch, auf seine Art,
wieder-kommen.

Auch das Schiff.
Alle deine Schiffe zugleich.
Ein sanftes Licht.
Du weißt es selber nicht,
sind dir die Schiffe heimgekehrt,
heben hohe Bäume sich aus dir?

Nur daß Weite und Licht ist
in deiner unendlichen Brust
und sich alles versöhnt, bei seiner
Einfahrt in diese große Wunde
ohne Ränder, die
vollsteht mit einem süßen Wasser.

*Hilde Domin*

abschied will alles
daß man fällt und aufsteht
daß man aufsteht und fällt

so wie das gras

*Käte Reiter*

## *Anfang der Liebe*

Wind ist gut. Liebe ist gut.
Nacht ist gut. Wenn die Liebe gut ist.
Wissen möchte ich, ob man die Liebe,
Wenn sie einst aufhört, nicht mehr vermißt.

Oder ob sie uns immer bleibt,
Dunkelnd mit uns in dämmernden Jahren.
Ob uns noch *das* zueinandertreibt?
Werden wir leben und es erfahren.

Jünger fühlt es sich grüner an.
Nichts trifft uns gründlich. Alles ist leicht.
Erst wenn man weiß, daß sie enden kann,
Hat man den Anfang der Liebe erreicht.

*Eva Strittmatter*

# Liturgien
# Rituale
# Gebete

## Wenn Wege sich trennen ...
### Evangelischer Fernsehgottesdienst (ZDF) in der Christusgemeinde Wiesloch

*Gerhard Engelsberger*

**Lied:** Wege, die sich nie kreuzen (G. Engelsberger)

**Begrüßung**
Im Namen des Vaters und des Sohnes und des Heiligen Geistes. Amen

Ich begrüße Sie hier in unserer Kirche und Sie, liebe Zuschauerinnen und Zuschauer zu Hause! Wir feiern häufig Gottesdienste für Jung und Alt, so wie heute; wir sind es gewöhnt, daß die Fragen, die uns beschäftigen, auf den Tisch kommen. Das sind oft genug schwierige Fragen. Manchmal gelingt es uns auch nicht, so mit den Fragen umzugehen, wie es unter Christen sein sollte.
Heute liegt ein Scherbenhaufen auf dem Tisch.
Bald die Hälfte der Kinder und Jugendlichen, die mir die Woche über begegnen, kommen aus geschiedenen Ehen oder leben eben bei einem Elternteil. Mitten unter uns, auch in der Leitung unserer Gemeinde, gibt es Wege, die sich getrennt haben. Da kommt einer mit dem anderen endgültig nicht mehr zurecht. Kann nicht mehr. Was einmal gut gewesen sein mag, hat sich verbraucht.
Wie gehen wir Christen damit um? Der erhobene Zeigefinger taugt nicht dazu, Menschen zu helfen, auf deren Seele eh mit Stiefeln herumgetrampelt worden ist. Am schlimmsten ist für mich das Ausgrenzen einerseits und das Schweigen andererseits. Beides ist peinlich, weil es die Not und die Entscheidung der Menschen nicht ernst nimmt.
Jesus Christus schickt Menschen auf einen Weg. Wege kreuzen sich und gehen auseinander. Die Jünger haben die Familien verlassen. Vieles ist selbst in der Familie Jesu durcheinandergekommen.
Ich erlebe es in der Seelsorge fast tagtäglich: Wege trennen sich, und oft bleiben Wunden zurück, an denen man lange trägt. Der eine macht dem anderen größte Vorwürfe. Und der andere sagt: Das ist nicht mein Weg.
Was ist richtig, was ist falsch? Was zerstört, und was baut auf? Wie kann man zusammenhalten, was zerbricht? Und wie kann man sich trennen, ohne zu zerstören?
Wir suchen nach Orientierung und Halt. Wollen nicht einfach sagen: „Nun mach schon und geh!" Wenn Wege sich trennen, muß man einen Grund und ein Ziel haben.
Als Jesus - so erzählt es der Schluß des Matthäusevangeliums - seine Jünger in alle vier Himmelsrichtungen sendet, um die Gute Nachricht weiterzutragen, da gibt er ihnen eine wichtige Orientierung mit auf den Weg. Er sagt: Siehe, ich bin bei euch alle Tage bis an der Welt Ende.

**Gebet**
Laßt uns beten:
Du hast uns in die Welt gesandt mit dem Versprechen: Ich bin bei euch.
Alle wollten wir überzeugen.
Überall wollten wir uns zu Wort melden.
Keinem wollten wir Liebe schuldig bleiben.
Niemanden wollten wir verletzen.
Doch wir sind steckengeblieben - mitten auf dem Weg.
Ewiger, treuer Gott, wir bitten dich:
Löse uns, wo wir uns festgefahren haben.
Gib uns Halt, wo wir uns auf den Weg machen.
Schenke uns Weite, wo wir uns nur noch um uns selbst drehen.
Es kommt doch nicht alles auf den Tisch.
Zu vieles wird unter den Tisch gekehrt.
Wir Christen sind nicht ehrlicher und offener als andere.
Wir bleiben den Suchenden einen Ort schuldig,
an dem man die eigene Blöße zeigen kann.
Ewiger, treuer Gott, wir bitten dich:
Mach uns mutiger und freier,
ehrlicher und fröhlicher.
Mach uns zu Zeugen deiner Liebe und zu Werkzeugen deines Friedens.
Amen

**Lied:** Großer Gott, wir loben dich EG 331,11 / EKG 461,6

**Predigtteil 1:**
Ich nehme an, Sie kennen Jakob. Seine Geschichte soll uns so etwas wie ein Leitfaden durch diesen Gottesdienst sein.
Er ist einer von denen, die meinen, man käme ohne Tricks und doppelten Boden nicht durch diese Welt. Die Bibel sagt, er sei schon so auf die Welt gekommen; hätte sich schon im Mutterleib mit seinem Bruder gestritten und sich schon bei der Geburt an dessen Fersen geheftet; hätte danach den Segen des Erstgeborenen durch einen Betrug erschlichen. Und als dann der Schwindel aufflog, sei er geflohen.
Geflohen vor dem Vater und Bruder. Vor sich selbst davongelaufen.
Ich nehme an, Sie kennen Jakob.
Der meint, er sei cleverer als die anderen; ihn könne man nicht über den Tisch ziehen. Von wegen. Er gerät an einen, der ist noch verschlagener: Laban, sein Schwiegervater. Der läßt ihn sieben Jahre dienen um Lea, seine Tochter.
Und als die sieben Jahre um sind, gibt er ihm die andere Tochter: „So ist es nun einmal Sitte bei uns. Die Älteste zuerst."
Noch einmal sieben Jahre dient Jakob. Jakob und Laban bleiben sich nichts schuldig. Tritt ans Schienbein hier, fauler Trick dort. Am Ende erhält Jakob doch Rahel zur Frau. Nach zweimal sieben Jahren Dienst.

Aber der Streit, das gegenseitige Übers-Ohr-hauen-Wollen hat noch kein Ende. Nachdem die Sache mit den Ehefrauen geregelt ist, geht es jetzt um den Besitz, um den Lohn. Um Hab und Gut.
Ich nehme an, Sie kennen Jakob.
Den mit den Hintergedanken. Er wird sich auch jetzt etwas einfallen lassen.

**Lesung** (aus 1. Mose 31)
Da machte sich Jakob auf und lud seine Kinder und Frauen auf die Kamele und führte weg all sein Vieh und alle seine Habe. Und Jakob täuschte Laban damit, daß er ihm nicht sagte, daß er wegziehen wollte. So floh er mit allem, was sein war.
Am dritten Tage wurde Laban gesagt, daß Jakob geflohen wäre. Und er nahm seine Brüder zu sich und jagte ihm nach, sieben Tagesreisen.
Und Laban holte Jakob ein. Da sprach Laban zu Jakob: Was hast du getan, daß du mich getäuscht hast und hast meine Töchter entführt, als wenn sie im Krieg gefangen wären?
Warum bist du heimlich geflohen und hast mich hintergangen und hast mir's nicht gesagt, daß ich dich geleitet hätte mit Freuden, mit Liedern, mit Pauken und Harfen?
Und hast mich nicht einmal lassen meine Enkel und Töchter küssen.
Und Jakob wurde zornig und schalt Laban: Was hab ich Übles getan oder gesündigt, daß du so hitzig hinter mir her bist? Zwanzig Jahre habe ich in deinem Haus gedient, vierzehn um deine Töchter und sechs um deine Herde, und du hast mir meinen Lohn zehnmal verändert. Wenn nicht der Gott meines Vaters auf meiner Seite gewesen wäre, du hättest mich leer ziehen lassen.
Laban antwortete und sprach zu Jakob: Die Töchter sind meine Töchter, und die Kinder sind meine Kinder, und die Herden sind meine Herden, und alles, was du siehst, ist mein.

**Predigtteil 2**
Ich nehme an, Sie kennen Jakob.
Und damit kennen Sie eigentlich all die Konflikte in einer Familie, in einer Ehe, am Arbeitsplatz oder zwischen den Generationen.
Wenn man so will - die Bibel erzählt uns, daß das eigentlich nie anders war, seit Menschengedenken nicht. Seit Adam und Eva, Kain und Abel, Jakob, Esau und Laban sei das nie anders gewesen, als daß einer am anderen leidet.

**Lied:** Ich ruf zu dir, Herr Jesu Christ EG 343,1.5 / EKG 244,1.5

**Predigtgespräch 1**

Pfarrer/Pfarrerin:

Wir haben eben gesungen: „Ich lieg im Streit und widerstreb ..." Ich bin hin und her gerissen. Wir in unserer Gemeinde erleben auch Trennungen und Scheidungen, wir kennen den Haß, der bleibt und haben Erfahrungen mit Wunden.

Wir haben uns in der Vorbereitung zu diesem Gottesdienst intensiv über diese Fragen unterhalten. Wir bilden keine Ausnahme. Auch wir laufen auseinander.

Herr W.:

Jetzt nicht übertreiben! Es ist ja nicht so, daß alles auseinanderläuft. Das sollten wir doch festhalten.

Es gibt Ehen, die gelingen. Es gibt Auseinandersetzungen, die gut enden, die einen neuen Impuls geben für eine Beziehung. Aber oft gelingt das nicht.

Es ist ausgesprochen schwierig, offen darüber zu reden. Jeder von uns kennt in der Nachbarschaft, im Bekanntenkreis oder in der eigenen Familie einen „Fall".

Da sieht man einiges, denkt sich seinen Teil, redet aber kaum darüber. Wo ich hinschaue in meiner Altersgruppe, hier bricht einer weg und dort trennen sich Wege. Selten so, daß man den Eindruck hat, die tun sich etwas Gutes. Da geht es um Rechthaberei, um verletzten Stolz. Geschwister streiten sich. Kinder und Eltern trennen sich im Bösen. Ehen gehen auseinander.

Frau O.:

Es gibt vielleicht Trennungen, die ungut sind. Aber alle Trennungen tun weh.

Und die Trennung, die mir der Tod aufgezwungen hat - uns allen immer wieder aufzwingen wird? Da ist das Loslassen und ist die Trennung eine harte Realität. Da endet ein Weg.

Ich muß ganz neu lernen, was wir am Anfang gehört haben: Ich bin bei euch alle Tage, bis an der Welt Ende. Diese Worte gelten auch uns. Wir sind behütet, auch wenn wir scheitern und wenn Wege sich trennen.

Pfarrer/Pfarrerin:

Es wird Menschen geben, die sagen: „Die Botschaft hör' ich wohl...", allein: Jetzt mach' mal was Ganzes aus diesem Scherbenhaufen!

**Lied:** Christus spricht, Str. 1 + Refrain (G. Engelsberger)

**Predigtgespräch 2**

Frau H.:

Ich habe inzwischen mühsam oder auch schmerzhaft erfahren, daß es keine einfachen und glatten Antworten gibt.

Ich denke mir, daß in so schwierigen Lebensfragen - Trennung, Scheidung, Sterben und Tod einer Ehe, das Auseinander zwischen Jung und Alt -, ich denke mir, daß in so schwierigen Lebensfragen das einfache Rezept und die schnelle Antwort nicht helfen. Ich kann meine Ehe nicht mit der Ehe unserer Nachbarn vergleichen. Und auch meine eigenen Erwartungen ans Leben sind vielleicht ganz andere als ihre.

Ich stelle eigentlich mit Erschrecken fest: Je älter ich werde, um so mehr Fragen habe ich.

Herr W.:

Ja, gut und schön. Vielleicht gibt es ganz unterschiedliche Vorstellungen über die Erziehung der Kinder und den Umgang mit Geld. Aber wir brauchen doch in den wesentlichen Fragen eine Einigung, sonst läuft alles ganz beliebig auseinander.

Pfarrer/Pfarrerin:

Ich spüre das oder höre es auch deutlich immer wieder in Gesprächen, auch in kirchlichen Kreisen, bis hinein in Kirchenleitungen: Breche ich eine Lanze und werbe um Verständnis für Menschen, die sich trennen wollen oder geschieden sind, dann sagt man mir: „Sie machen es den Menschen zu leicht."

Frau H.:

Ja, aber ist es nicht das Gebot Jesu, daß wir uns nicht scheiden lassen sollen? Heißt es nicht: „Was Gott zusammengefügt hat, das soll der Mensch nicht scheiden."

Frau O.:

Ich habe gelernt, daß wirklich alles ganz durchlebt werden muß, damit es heilen kann. Die alten Menschen, mit denen ich im Beruf zu tun habe, entwickeln ein gutes Gespür dafür, ob jemand ihnen etwas vorspielt oder ob er es ehrlich meint. Sie merken auch deutlich, wozu ihre Kraft noch reicht und wo sie mit ihrer Kraft am Ende sind. Ich kann mir nicht vorstellen, daß Jesus Gesetze und Moralvorstellungen wichtiger nimmt als Menschen, die in Not sind.

Herr W.:

Wir sind uns sehr einig. Aber trotzdem hält man uns vor: In der Bibel steht doch: „Was Gott zusammengefügt hat, das soll der Mensch nicht scheiden."

**Lied:** Christus spricht, Str. 2 + Refrain (G. Engelsberger)

**Predigtteil 3**

Ich nehme an, Sie kennen wirklich Jakob. Sie kennen Laban. Und Sie kennen aus eigener Erfahrung all die Miseren, all das Auseinander und Trennen und Wehtun. Jede und jeder hat auf seine eigene Weise etwas zu erzählen.

Wie ging denn diese unselige Geschichte zwischen Jakob und Laban eigentlich weiter? In 1. Mose 31 lesen wir, daß Laban - der Ältere - zu Jakob sagt:

**Lesung** (aus 1. Mose 31)

So komm nun und laß uns einen Bund schließen, ich und du, der ein Zeuge sei zwischen mir und dir. Da nahm Jakob einen Stein und richtete ihn auf zu einem Steinmal.

Laban aber sprach zu seinen Brüdern: Lest Steine auf! Und sie nahmen Steine und machten davon einen Haufen.

Da sprach Laban: Dieser Steinhaufen sei Zeuge, und das Steinmal sei auch Zeuge, daß ich nicht an diesem Haufen vorüberziehe zu dir hin oder du vorüberziehst zu mir hin an diesem Haufen und diesem Mal in böser Absicht! Der Gott Abrahams und der Gott Nahors sei Richter zwischen uns!

Und Jakob schwor ihm bei dem Gott seines Vaters. Und Jakob opferte auf dem Gebirge. Und sie blieben auf dem Gebirge über Nacht.

Am Morgen aber stand Laban früh auf, küßte seine Enkel und Töchter und segnete sie und zog hin und kam wieder an seinen Ort. Jakob aber zog seinen Weg. Und es begegneten ihm die Engel Gottes.

**Predigtteil 4**

So also ging die Geschichte aus:

Sie haben sich alles vorgeworfen, alle Hinterlist und jeden Betrug, jeden Fehler und alle Schwächen. Und die Familie wird noch mit einbezogen.

Steine sammeln.

Mit Steinen kann man werfen.

Steine können töten.

Haß kann töten.

Wenn Wege auseinander gehen, kann das Menschen töten.

Ich erlebe als Seelsorger dieses Elend immer wieder. In neuen Variationen. In der Gemeinde und bei denen, die mir von außerhalb schreiben oder mich besuchen: Da kommen gemeinsame Wege an ein Ende. In Familien. Unter Freunden. Auch in Ehen. Da ist nur noch Haß, wo früher Freundschaft und Liebe war. Da ist nur noch Gegeneinander. Da ist alles aus dem Lot. Und da hilft oft auch kein gemeinsames Gespräch, kein gutes Zureden und auch keine Therapie mehr. Da ist ein Weg an sein Ende gekommen.

Das muß nicht dramatisch sein.
Dramatisch wird es, wenn einer dem anderen ans Leben geht oder an sein eigenes.
Wenn Kinder ausziehen und eigene Wege gehen, ist das normal.
Wenn Freundschaften zerbrechen, trägt man leicht nach.
Wenn Ehen sterben, müssen auch dort Gesetze gelten, die Leben erhalten.
Alles kommt auf den Tisch. Und da liegen die Steine, einer neben dem anderen. Und plötzlich bekommt unsere biblische Geschichte eine ungeahnte Wende. Sie werfen nicht mit Steinen. Sie bauen einen Altar. Und Gott, der allein dort mit ihnen ist, wird zum Zeugen eines Versprechens: Ich geh' an diesem Steinhaufen nicht vorbei in böser Absicht. Und du ebensowenig. So wollen wir es halten. Gott ist Zeuge. Was immer war, keiner von uns geht dem anderen ans Leben.

Trennungen, so weh sie tun, können die Voraussetzung dafür sein, daß Menschen aufrecht gehen können. Jakob und Laban - man muß sie sich ineinander verhakt und streitend und verheddert und mißtrauisch vorstellen -, Jakob und Laban richten sich an den Steinen auf. Das Vergangene hat eine neue Qualität. Gott hat die Vergangenheit „besetzt". Und nun tötet sie nicht mehr. Nun schützt sie Leben. Gott richtet auf. Gott schützt Leben. Da, wo zwei Wege sich trennen, tritt Gott dazwischen und sorgt dafür, daß jeder aufrecht seinen Weg gehen kann. Gott, mein Halt. Gott, meine Brükke über Abgründe. Jesus Christus: Weg, Wahrheit und Leben.
Hier wird Glaube ganz praktisch.
Da ist das Evangelium wahrlich nicht mehr - wie Luther sagt - „das Fürwahrhalten einer Lehre", sondern das fröhliche Vertrauen darauf: Gott will, daß wir leben. Ganz praktisch: atmen können, aufrecht gehen können, reden können, arbeiten können.
Da tritt die Lehre Jesu, die damals vor allem die Frauen schützen sollte, zurück hinter der Liebe zu dem einzelnen Menschen, der sich verrannt hat und nicht mehr weiterweiß.
Es ist fast ein Ende wie im Märchen. So wie wir es uns eigentlich auch wünschen für alle die, deren Wege sich einmal gekreuzt haben, deren Wege eine Zeit lang miteinander im Guten verbunden waren und deren Wege sich nun trennen, damit beide leben können:
Laban küßt seine Töchter und Enkel und geht dann wieder „an seinen Ort", sagt die Bibel. Auch Jakob geht seiner Wege. Sie sind schwierig genug. Er hat noch eine Menge vor sich. Von ihm heißt es: Jakob aber zog seinen Weg. Und es begegneten ihm die Engel Gottes.
Die Engel Gottes.
Christus sagt: Ich lebe, und ihr sollt auch leben. Es gibt keine Lebenskrise, in der dies nicht gilt. Keine Macht und kein Versagen, keine Schuld und kein Umweg trennen uns von dem, der uns auf den gesenkten Kopf zusagt: „Ich bin bei euch alle Tage bis an der Welt Ende."

Und deshalb, Freunde, heißt Christsein bei allem, was wir uns gegenseitig und was wir Gott schuldig bleiben mögen: sich üben und sich gegenseitig bestärken im aufrechten Gang.

**Lied:** Christus spricht, Str. 3 + zweimal Refrain (G. Engelsberger)

**Fürbittengebet und Vaterunser**
Laßt uns beten:
Ewiger, dreieiniger Gott,
du hast uns als Ganzes geschaffen,
wir legen die Scherben in deine Hand.
Du schenkst uns Frieden,
wir klagen dir unser großen und kleinen Kriege.
Du willst unser Leben,
wir fürchten den Tod und seine Händler.
Du spricht uns frei,
wir kleben an unserer Vergangenheit wie Fliegen am Leim.
Du schenkst uns Weite,
wir bleiben kurzatmig und ichbezogen.
Viele Ehen zerbrechen,
Freundschaften gehen auseinander,
Familien leiden Not.
Hilf den Schwachen,
stärke alle die, die es gut meinen.
Sei du selbst unser Lot,
unser Schutz und Halt.

Gütiger, barmherziger Gott,
für alle, die es schwer miteinander haben,
bitten wir um deine Fürsorge,
für alle, die sich getrennt haben,
bitten wir um Vergebung und Leben.
Gib Segen zu unserem Tun und Lassen,
behüte unsere Familien,
segne die Ehen,
hilf Jung und Alt zu gutem Miteinander,
bewahre Freundschaft und Liebe unter uns.
Und laß uns selbst das Richtige tun, um aufzurichten.
Stärke unseren schwachen Glauben.
Erbarme dich deiner Menschen.

**Vaterunser**

**Sendung / Segen**
Seit Beginn unseres Gottesdienstes liegt hier ein Scherbenhaufen.
Wir hier gehen auseinander und freuen uns an einem gelungenen Gottesdienst für viele zu Hause. Und doch sind darunter viele Einzelne, Getrennte, Geschiedene, die leiden unter dem Weg, den sie gegangen sind oder gehen mußten.
Menschen sind komplizierte Wesen. Hochbegabt und doch vollkommen überfordert. Hochsensibel und dann wieder unglaublich dickhäutig. Wir haben in diesem Gottesdienst über sensible Themen gesprochen.
Gerne biete ich an, mit Ihnen nach dem Gottesdienst telefonisch oder brieflich ins Gespräch zu kommen.
Lassen Sie mich mit einer Segensbitte schließen:

Laß uns nicht allein, Gott.
So kommen wir nicht zurecht.
Laß uns nicht einfach so unsere Tage abhaken.
So kommen wir nicht zurecht.
Laß uns nicht schuldig werden, verstrickt in falsche Wege und Umwege.
So kommen wir nicht zurecht.
Laß uns nicht auseinandergehen, als ob nichts geschehen sei.
So kommen wir nicht zurecht.
Richte du uns auf,
und wir dienen dem Leben.

Nun geht hin im Frieden und mit dem Segen des Herrn:
Der Herr segne Dich und behüte Dich. Der Herr lasse sein Angesicht leuchten über Dir und sei Dir gnädig. Der Herr hebe sein Angesicht über Dich und schenke Dir seinen Frieden.
Amen, Amen, Amen

**Lied:** Leg deine Last neben meine *(G. Engelsberger)*

**Instrumentalnachspiel Klavier**
*(G. Engelsberger: Ein Kreuz, ein Glaube)*

(Wesentliche inhaltliche Impulse entstammen dem Buch: Gerhard Engelsberger, Scheidung auf evangelisch - Warum auch Christen sich trennen dürfen, Kreuz Verlag, Stuttgart 1995)

# Anregungen für eine Scheidungsliturgie

*Armin Beuscher*

**I. Kyrie / Bekennen**
(kann auch im Wechsel von den Sich-Scheidenden gesprochen werden)

Im Namen Gottes kamen wir zusammen
und haben gemeinsam unseren Lebensweg vor ihn gebracht.
Heute müssen wir vor Gott und uns selbst eingestehen,
daß es uns nicht gelungen ist, ein dauerhaftes gemeinsames Leben zu gestalten.

Wir waren zuversichtlich
und haben uns getraut.
Wir waren glücklich
und wollten das Glück halten.

Wir konnten nicht halten,
was wir einander versprochen haben.
Wir sind schuldig geworden aneinander
und wollen einander um Vergebung bitten.

(Eigene Schuld kann hier bekannt werden)

**II. Gloria / Zusage**
Wir glauben:
Wir gehen nicht allein ins Ungewisse,
Gott ist bei uns.
Er vergibt uns unsere Schuld
und ermutigt uns, aus der Vergebung zu leben.

Wir erinnern:
Wir sind nicht zu trennen von der Liebe Gottes.
Weder durch Tod noch Leben.
Weder durch Schuld noch Zweifel,
nicht durch all unser Streben
und nicht durch unser Versagen.

Wir vertrauen:
Die Liebe Gottes gilt uns.
Auch wenn unsere Liebe uns enttäuscht hat.
Auch wenn die Vernunft an ihr nagt.
Die Erfahrung nur den Kopf schüttelt.
Die Weisheit die Nase rümpft.
Der Mut nur müde lächelt.
Die Liebe Gottes gilt uns.

**III. Lesungen / Erinnern und Würdigen**

Das Trauwort, das sich das Paar für seine Hochzeit ausgesucht hat, kann in einer Ansprache wieder aufgegriffen werden.
In Erinnerung der Hochzeit, der Vorsätze, der Hoffnungen, kann die gemeinsame Zeit noch einmal Revue passieren. Es kann gewürdigt werden, was gut war und geschenkt wurde (z.B. gemeinsame Kinder). Diese Bestandsaufnahme kann auch schon einen Ausblick geben auf das hin, was beide aus dieser Zeit mitnehmen können/lernen können.

**IV. Versprechen**

Hier können Verabredungen, die das Paar getroffen hat, z.B. in Bezug auf das Sorgerecht, auf den Umgang miteinander (evtl. eine Art Memorandum) noch einmal benannt werden.

**V. Loslassen**

(sich gegenseitig zusagen)

Ich lasse Dir deinen Weg und wünsche Dir alles Gute.
Ich achte Dich und respektiere Deinen Weg.
Gott möge Dich segnen.

**VI. Fürbitten und Segen**

Wir kommen zur dir, Gott.
Gib der Traurigkeit eine Hand zur Seite
und dem Kummer ein offenes Ohr.
Gib der Erinnerung Raum
und laß das Gute nicht vergessen sein.
Gib den Gehetzten Zeit,
dem Frieden unter uns eine Chance.
Nimm alle Fluchtwege aus der Verantwortung.
Und gib Acht auf alle, die wir übersehen.
Nimm der Gewalt die Macht
und pflanze die Liebe.
Wir kommen zur dir, guter Gott.
Und du kommst zu uns.
Gibst uns unsere Bitten in die Hand.
Hilf uns zum Guten.
Sieh freundlich auf uns
und laß Neues werden.

Gott segne uns und behüte uns,
Gott lasse sein Angesicht leuchten über uns und sei uns gnädig,
Gott erhebe sein Angesicht über uns und schenke uns seinen Frieden.

# Religiöse Rituale im Zusammenhang mit Trennung oder Ehescheidung

*Niklaus Knecht-Fatzer*

## Zwei unterschiedliche Erfahrungen

Der Pfarrgemeinderat aus U. hat seine letzte Sitzung vor den großen Sommerferien. Die vorgesehenen Punkte sind durchberaten, und alle Mitglieder sind reichlich müde. Die Gedanken sind schon beim anschließenden Bier.
Da meldet sich der Pfarrer, bittet um Aufmerksamkeit, weil Frau B. noch etwas sagen möchte. - Frau B. beginnt zu sprechen. Sie macht heute einen seltsam unsicheren Eindruck. Was ist los mit ihr? „Ich habe vor einigen Tagen mit dem Herrn Pfarrer gesprochen, weil ich aus dem Pfarrgemeinderat austreten werde. Es ist so, mein Mann und ich gehen auseinander. Er wird wegziehen. Ich werde mit den Kindern in der Pfarre wohnen bleiben. Ich wollte es Euch einfach sagen, bevor Ihr es von anderen Leuten hört."
Frau B. weint beinahe unmerklich vor sich hin. Die Mitglieder des Pfarrgemeinderates sitzen sprach- und hilflos da. Noch bevor jemand etwas sagen oder tun kann, steht Frau B. auf, nimmt ihre Tasche und geht aus dem Raum. Eine Frau aus der Nachbarschaft will ihr nachgehen. Sie erreicht sie aber nicht mehr.

In der Familiengruppe in St.F. sind fünf Paare. Sie treffen sich monatlich bei einer der fünf Familien. Oft machen sie auch gemeinsame Freizeiten mit den Kindern oder engagieren sich in Familiengottesdiensten der Pfarrgemeinde. Sie haben ein gutes und vor allem sehr offenes Klima untereinander.
Ein Ehepaar ist in der Gruppe, das sehr ehrlich von den eigenen Beziehungsproblemen erzählt, die sie immer wieder miteinander haben. Die Gruppe läßt sich so weit ein, wie es den einzelnen Mitgliedern möglich ist. Andererseits wissen alle, daß sie keine Therapiegruppe sind und daß das Paar letztlich die Probleme selbst lösen muß. Sie raten zu einer Ehetherapie. Die anderen Paare spüren ihre Ohnmacht. Schmerzlich erleben sie, wie das Paar sich immer mehr entfremdet - trotz aller Bemühungen!
Schließlich teilt das betroffene Paar der Gruppe mit, daß sie sich trennen wollen. Es sei für alle Beteiligten die beste Lösung. Die Gruppe ist sehr betroffen. Sehr schnell ist allen klar, daß sie nach einer Form suchen möchten, in der die Ohnmacht und Trauer, aber auch das Stück gemeinsame Geschichte zum Ausdruck gebracht werden können.
Das Paar selbst will mit den anderen Paaren - in der Vertrautheit der Gruppe - den Trennungs- und Loslösungsprozeß ausdrücken.

*Reflexion:*
Die beiden Erfahrungen kommen aus dem Alltag und zeigen deutlich, wie unterschiedlich mit den Situationen von Trennung und Scheidung umgegangen wird. In unserer individualistisch geprägten Kultur besteht die Tendenz, solche Prozesse und Erfahrungen dem privaten Bereich zuzuweisen. Ähnliche Beobachtungen machen wir im Zusammenhang mit Trauerprozessen.
Ich bin überzeugt, daß der Umgang mit Verlust, Trauer, Trennung und Scheidung beide Seiten hat: eine individuelle und eine gesellschaftliche. Daher ist es falsch, ein „Entweder-oder" zu postulieren. Wenn uns neben persönlichen Verarbeitungsprozessen auch solche in Gruppen, wo wir verbindliche Beziehungen leben, gelingen, dann wird es leichter möglich, Vergangenes abzuschließen und gute Beziehungen in einer neuen Form zu leben. Die gegenseitige Berührungsangst wird geringer.
Zunächst denke ich an Gruppensituationen, wo Menschen in einer Verbindlichkeit und Offenheit miteinander persönliche Fragen des Alltags und der Beziehungen ansprechen und teilen. Die Dimension des Glaubens ist dabei ein wesentliches Element . Hier kann ich mir ein gemeinsames Ritual bei Trennung und Scheidung, aber auch bei einem Todesfall gut vorstellen.
Es ist unabdingbar, daß beide betroffenen Partner in Freiheit ein gemeinsames Gruppenritual bejahen können. Das Ritual darf nicht in eine Art von Rechtfertigung oder Schuldzuweisung ausarten. Voraussetzung dazu ist, daß beide Partner gewillt sind, den eigenen Anteil an Verantwortung für das Ende des gemeinsamen Weges zu sehen. Jede Form von Gruppendruck auf das betroffene Paar würde zusätzliche Verletzungen schaffen.

Ein solches Ritual in einer Gruppe hat verschiedene Ebenen:
- Bekanntgabe einer einschneidenden Veränderung (Scheidung, Veränderung der Familienform, Wegzug eines Elternteils, ...). Die Bekanntgabe in der Gruppe ist Ausdruck für die „Bekanntgabe gegenüber mir selbst".
- Bekanntgeben heißt auch eine Veränderung öffentlich machen. Das ist eine wichtige Voraussetzung für eine neue und konstruktive Regelung der einzelnen Beziehungen.
- Das Ritual kann zu dem Prozeß der eigenen Trauerarbeit ermutigen: loslassen, Endpunkt setzen, Wendepunkt sehen, neue Perspektiven entwickeln.
- Das Ritual ist auch ein Gefäß für die gegenseitige Würdigung der gemeinsamen Geschichte in einer Gruppe: Wertschätzung und Verabschiedung.
  (Ob einer von beiden, z.B. die alleinerziehende Mutter, immer noch Mitglied der Gruppe bleiben will, muß später gemeinsam abgesprochen werden.)

**Wege der Verarbeitung in einer Gruppe: Ritual und Gebet**

Bei meinem Vorschlag gehe ich davon aus, daß die Gruppenmitglieder um den Sachverhalt wissen. Das Ritual, die einzelnen Schritte und die Gebete müssen vorbesprochen werden. Die Gruppe beauftragt bestimmte Personen mit der Durchführung. Bei aller emotionaler Nähe ist ein gutes Fingerspitzengefühl gegenüber den Betroffenen unerläßlich. - Die folgenden Vorschläge sind so etwas wie ein Skizze, die weiterbearbeitet werden muß.

*1. Vorschlag: meditative Form*

Die Gruppe sitzt im Kreis oder um einen Tisch.
Jemand hat eine Mitte hergerichtet: Kerze, Blumen, Steine, Bibel, Bilder oder Alltagsgegenstände der einzelnen Gruppenmitglieder.

Ruhige, meditative Musik

Jemand spricht die Situation an und sagt kurz, daß sie als Gruppe sich vom Paar X heute verabschieden möchten. Gemeinsam wollen sie einen Raum schaffen, in dem auch das Paar sich gegenseitig loslassen kann. Und gemeinsam wollen sie die Zukunft von Herrn und Frau X und die ihrer Kinder in die Hand Gottes legen.

Musik oder Stille

Als Gruppe erinnern sie sich an das Stück gemeinsamen Weges:
Sie denken an Herrn X, an das, was er durch sein Dasein schenkte.
Sie denken an Frau X, an das, was sie durch ihr Dasein schenkte.

Moment des Dankes

Sie werden sich als Gruppe bewußt, daß sich die Wege von Herrn und Frau X trennen werden. Es ist die Entscheidung des Paares. Diesen Entscheid wollen sie achten.
Dahinter steht eine Fülle von Gefühlen - Trauer, Schmerz, Verzweiflung, Wut, Ohnmacht, Angst, Selbstzweifel, Selbstvorwürfe und Schuldgefühle. Diese Gefühle haben ihre Berechtigung und wollen ausgedrückt werden. Auch die Mitglieder der Gruppe haben ihre Gefühle, nicht zuletzt weil der Weg des Paares X vielleicht auch ihr Weg sein könnte. Das löst Angst und Abwehr aus. Auch zu diesen Gefühlen möchten sie stehen können, Ohnmacht aushalten.

Stille

Gebet:
Gott,
traurig und etwas hilflos
sitzen wir jetzt beieinander.
Manch gute Stunde haben wir gemeinsam erlebt.
Und jetzt wissen wir, daß Herr und Frau X uns verlassen -
mehr noch, ihr gemeinsamer Weg geht auseinander.
Sie haben sich so entschieden.
Wir wollen den Entscheid respektieren
und uns kein Urteil anmaßen.
Umarme Du sie mit Deiner zärtlichen Güte.
Trage sie in Deinem Vertrauen.
Schenke ihnen Kraft zum gegenseitigen Loslassen,
auch wenn es sehr tief schmerzt.
Stütze Du sie in ihrem Selbstvertrauen.
Laß uns jedem von ihnen die Nähe schenken,
bei der sie Angenommensein erfahren.
Trotzdem - laß auch uns loslassen.

Wir hoffen mit Herrn und Frau X,
daß sie als die Eltern von (Namen der Kinder)
trotz Trennung/Scheidung eine gute Beziehung pflegen können
und daß sie als Mutter und als Vater viel Zeit finden werden,
den Kindern ihre Liebe zu zeigen.
Den Kindern wünschen wir, zu verstehen,
daß nicht sie für das Auseinandergehen ihrer Eltern verantwortlich sind,
und zu wissen,
daß Vater und Mutter auch in Zukunft für sie dasein werden.

Guter Gott,
segne Du die Wege von Herrn und Frau X.
Laß sie spüren,
daß Du noch einiges mit ihnen vorhast.

Stille - Raum für persönliches Beten

Vielleicht will jemand aus der Gruppe oder das betroffene Paar eine Bitte oder einen Wunsch laut äußern; vielleicht tut die Stille gut...
Manchmal ist ein kleines Symbol ein besserer Ausdruck als viele Worte: ein Symbol für sie und für ihn auf den künftigen Weg...
Vielleicht wollen die Betroffenen gegenüber dem Partner/der Partnerin etwas ausdrücken: Bitte um Vergebung, Loslassen, gute Wünsche auf den künftigen Weg, ...
Möglich ist auch eine Geste gegenüber der Gruppe...

Gemeinsames Vaterunser

Für die Bitte um den Segen stehen alle auf. Vielleicht mag das Paar, das auseinandergeht, in die Mitte treten. Die anderen Gruppenmitglieder strekken still ihre flachen Hände aus und beten:

Der gütige Gott nehme Euch beide und Eure Kinder
in seine bergenden Arme.
Er weise Euch einen Weg
der Hoffnung und der Versöhnung.
Er gebe Euch Boden und lasse Euch wachsen:
Im Namen des Vaters und des Sohnes und der heiligen Geistkraft. Amen

Eine Form der Verabschiedung

*2. Vorschlag: aktive Form*
Bei einer aktiveren Form können mehrere Elemente durch einzelne Gruppenmitglieder und durch die Betroffenen selbst gestaltet werden. Wichtig ist dabei eine gute Absprache mit klaren Abmachungen.
Die Bitte um Vergebung, das Loslassen und die Hoffnung für einen guten Weg gegenüber dem Partner/der Partnerin kann letztlich nur durch die Betroffenen ausgedrückt werden.

**Gottesdienste für getrennte/geschiedene Paare in der Pfarrgemeinde?**
Ich kann mir eine solche Gottesdienstform vorstellen, wenn beide Partner ihrer Pfarre sehr verbunden sind oder sogar in der Öffentlichkeit der Pfarre stehen, sich verabschieden und um den besonderen Segen Gottes für den Partner/die Partnerin und vor allem für den gemeinsamen Weg mit den Kindern bitten wollen. Möglich wären die folgenden Elemente:
- Dank für das gemeinsame Stück Weg
- Trauer ob des nicht gelungenen weiteren Weges als Paar
- Bitte um Vergebung gegenüber Partner/Partnerin und Kindern
- Loslassen
- Bitte um einen guten Weg für den scheidenden Partner/die scheidende Partnerin: Gott mit Dir, Gott mit den gemeinsamen Kindern, Gott mit mir.
- Ausdruck der Hoffnung, daß Wachstum und Entwicklung möglich sind.
- Bitte um den Segen Gottes und Bitte um das Mittragen guter Menschen.

Die Gefahr einer persönlichen Rechtfertigung oder einer erneuten Verletzung intimer Gefühle ist hier besonders groß (keine Selbstinszenierung). Wichtig ist auch zu bedenken, wie eine solche Form auf andere Menschen in ähnlicher Situation wirken kann, die aufgrund ihrer Lebensgeschichte diese Form nicht wählen konnten oder können.

**Kreuzweg oder Wortgottesdienst in der österlichen Zeit für Getrennte und Geschiedene**

Eine ganz andere Art wäre ein Kreuzweg oder ein Wortgottesdienst in der österlichen Zeit mit den Elementen Kreuz (Schmerz, Trennung, zur Schuld stehen, loslassen, vergeben und Vergebung annehmen) und Auferstehung (Hoffnung, Versöhnung, Zuversicht, Kraft für einen Neubeginn). Die Idee eines Kreuzweges ist dabei nicht die einer Bußfeier, sondern eine Betrachtung von Kreuz und Auferstehung auf dem Hintergrund der eigenen Lebenssituation (getrennt, geschieden, alleinerziehend). Hier ist die Anwesenheit als Paar keine Voraussetzung, wenn auch möglich und je nach Situation sinnvoll.

Unerläßlich scheint es mir, daß an der Vorbereitung dieses Gottesdienstes Betroffene und erfahrene BeraterInnen beteiligt sind. Ich stelle mir vor, daß ein solcher Gottesdienst Menschen aus einer größeren Region ansprechen sollte.

# Heilungs- und Versöhnungsgottesdienst nach einer Scheidung als Vigilfeier

*Franz Götz*

Die Übergänge in unserem Leben lassen sowohl die Vergangenheit als auch die Zukunft wie in einem Brennpunkt gegenwärtig sein: Jemand schaut z.B. dankbar und froh zurück, wenn er nach einer schönen Kindheit und Jugendzeit das Haus verläßt und optimistisch in die Zukunft hineingehen kann. Oft lassen aber belastende und bittere Erfahrungen in der Vergangenheit jemanden eher skeptisch an die Zukunft denken. Gerade in solchen Situationen erleben viele eine große Einsamkeit und das Leben als Überforderung. Deshalb ist auch der Wunsch, gerade bei den Lebensübergängen die Kraft des Glaubens und den Segen Gottes zu erfahren, besonders groß.

Die Kirche hat diese vielfältigen Lebenswirklichkeiten immer schon aufgegriffen und in den Sakramenten und Sakramentalien geistliche Hilfe erfahren lassen.
Eine solche herausfordernde und überfordernde Erfahrung ist heute für gar nicht so wenige die Situation der Scheidung. Sie haben erlebt, daß ihr Lebensplan zerbrochen ist. Viele Gründe können dafür ausschlaggebend gewesen sein - die Unreife und Naivität von einem oder beiden Partnern; eigene oder beidseitige Schuld; Unfähigkeit, mit Belastungen richtig umzugehen ...

Was öffentlich und äußerlich geregelt werden kann, ist nur die eine Seite. Wie verkraften dies die Betroffenen in ihrem Herzen? Sie fühlen sich oft innerlich verletzt, mit Selbstvorwürfen beladen. Sie erleben sich oft als gescheitert und stigmatisiert, auch wenn sie das niemand spüren lassen will. Gerade ihnen „muß die kirchliche Gemeinschaft ganz besondere Fürsorge zuwenden und ihnen Wertschätzung, Solidarität, Verständnis und konkrete Hilfe entgegenbringen". (Johannes Paul II, Familiaris consortio 83, 1983; Diözesansynode Augsburg 1990, VII, 4.2.7.2)

*Ein konkretes Beispiel:*
Eine Frau, deren Scheidung gerade hinter ihr lag, bat mich, doch einmal zu einem Gebetsabend zu ihr zu kommen. Sie möchte auch ihre Bekannten und vor allem die Menschen einladen, die ihr und ihren zwei Kindern in der schweren Zeit nach Trennung und Scheidung beigestanden sind.
Was sei das genaue Ziel dieses Abends? Sie hatte das Bußsakrament empfangen. Aber es war ihr Anliegen, in der Gemeinschaft mit anderen um innere Heilung und um Versöhnung zu bitten.

Konkret wählte ich dazu die Zeit der Sonntagsvigil. Es war ein Kreis von zehn Erwachsenen in einer kleinen Kapelle; die Stühle standen im offenen Kreis vor der Osterkerze am Altar.
Bei einem zweiten Beispiel waren ebenso viele Erwachsene, dazu aber auch die vier eigenen Kinder der betroffenen Frau.

Ich hatte beidemal mit den jeweils einladenden Frauen vereinbart, daß sie ein persönlich formuliertes Gebet mitbringen (schriftlich oder mündlich). Bei dem Gebet für sie (Bittgebet, Dank für die erfahrene Gnade, Zuspruch...) betete jemand aus dem Kreis der Mitbetenden auch für den geschiedenen Mann, was der Betroffenen selbst nicht möglich gewesen wäre.
Bei dem zweiten Beispiel trat nicht nur die Frau allein in die Mitte zu ihrem Gebet, sondern zusammen mit ihr kamen auch die Kinder, die eng bei ihr standen. Am Ende nach dem priesterlichen Segen segnete die Mutter auch ihre Kinder und umgekehrt.

Die Gestaltung und der Verlauf dieser Feier waren geprägt durch die Mitfeiernden; der anschließende Abdruck kann nur als Anregung, nicht als fertiges Modell betrachtet werden.

## Vigilfeier „Du machst meine Finsternis hell"

### Begrüßung und liturgische Eröffnung

**Eingangslied:** GL 261, Den Herren will ich loben

Einführung in das Gebet und die besondere Situation dieses Abends
Wir beten den **Psalm** in der Form des „Bibelteilens": GL 712, Du führst mich hinaus ins Weite (Psalm 18: Danklied des Königs für Rettung und Sieg)

**Gebet**
Jesus Christus,
du bist auferstanden.
Niemals willst du,
daß innere Trostlosigkeit uns erschüttert.
Wenn wir begreifen,
daß kein Mensch von deinem Erbarmen,
deiner Liebe ausgeschlossen ist,
ändert sich unser Herz
und kommt zur Ruhe.
Wir fragen dich:
Was erwartest du von mir?
Und der Heilige Geist kann antworten:
Ich bete in dir,
wage es, dein Leben zu geben,
wage es, so weit zu gehen.

*Frère Roger*

Wir entzünden das Licht an der Osterkerze und geben es einander weiter.

**Lied:** EG 182, Halleluja (Ihr seid das Volk, das der Herr sich ausersehn)

**Wort der Heiligen Schrift**
Wer mich liebt, wird von meinem Vater geliebt werden,
und auch ich werde ihn lieben und mich ihm offenbaren.
(Joh. 14,21)

**Kurzansprache**

Die Frau tritt in die Mitte (mit ihren Kindern) und spricht vor den anderen ihr mitgebrachtes Gebet. Die Mitfeiernden treten im Kreis zu ihr hin und beten für sie und die Kinder (dazwischen der Ruf „Misericordias Domini")

**Vaterunser**

**Segen** des Priesters

**Lied:** GL 559/EG 473, Mein schönste Zier und Kleinod bist auf Erden du (4 Strophen) oder ein anderes Lied (Marienlied)

Entnommen aus: Materialdienst für Seelsorge und Laienapostolat 3/1997, Impulse, hg. vom Bischöfl. Seelsorgeamt Augsburg.

# Gottesdienst zum Thema: Alleinerziehend - Alleingelassen?

*Annette Lenders*

**Ruhige Musik**

**Eröffnungslied:** Jetzt ist die Zeit, jetzt ist die Stunde, aus: IMP 1011, „Worauf es ankommt, wenn ER kommt"

**Begrüßung und Einleitung**

Liebe Schwestern und Brüder!

Herzlich begrüße ich Sie zu diesem Wortgottesdienst mit dem Thema „Alleinerziehend - Alleingelassen?"

In unserer Gesellschaft wächst die Zahl der Mütter und Väter, die allein mit ihrem Kind oder ihren Kindern leben.

Heute leben bereits mehr als eine Million Alleinerziehende mit ca. 1,3 Mio. Kindern in Einelternfamilien. Die Gründe sind neben Verwitwung und nichtehelicher Geburt eines Kindes vor allem Trennung und Scheidung. Auf drei Eheschließungen kommt eine Scheidung, ganz abgesehen von den Trennungen der Paare ohne Trauschein. Jährlich erleben weit mehr als 100.000 Kinder die Scheidung ihrer Eltern, häufig verbunden mit Streitereien, Verletzungen und Loyalitätskonflikten. Hinter diesen nüchternen Zahlen der Statistik verbergen sich Menschen, die oft erst nach langen Zweifeln in verantwortlicher Haltung den Schritt in die Rolle der Alleinerziehenden getan haben, mit all den Konsequenzen, die damit verbunden sind.

*1. Sprecherin:*

Nach 13 Ehejahren habe ich mich von meinem Mann getrennt. Bei uns zu Hause wurde die Situation immer schlimmer. Mein Mann hat sehr viel getrunken, und ich habe viele Schläge einstecken müssen. Ich hatte schon während des ganzen Tages Angst, wie und in welchem Zustand er wohl nach Hause kommen würde.

Ich hatte mehrmals in den vergangenen Jahren versucht, das Zusammenleben in unserer Familie wieder ruhiger zu gestalten. Ich hatte eine Beratungsstelle aufgesucht und viel über meine eigenen Fehler nachgedacht; aber meine Kraft reichte einfach nicht mehr aus. Nun lebe ich seit fünf Jahren mit unseren drei Kindern allein.

*2. Sprecherin:*

Wir sind heute eine ganz zufriedene Familie. Die erwachsene Tochter ist ausgezogen und führt ihr eigenes Leben, Mechthild wohnt noch bei mir. Aber damals sah das anders aus, als mein Mann mich verließ und kurze Zeit später unsere elfjährige Tochter an Krebs starb. Ich war total fertig, eine ganze Welt brach zusammen, mein Leben schien mir plötzlich nichts mehr wert zu sein. Da waren die vielen Veränderungen: neue Wohnung, weniger Geld, der regelmäßige Gang zum Sozialamt, der mir bis heute schwerfällt. Vor allem aber fühlte ich mich in meinem Schmerz alleingelassen. Niemand, mit dem ich hätte reden können über meine Trauer. Verwandte, Freunde und Nachbarn übersahen mich und gingen mir aus dem Weg. Nur wenige Menschen standen zu mir in dieser schweren Zeit. Durch sie habe ich wieder neuen Mut gefaßt und neue Perspektiven entwickeln können. Für diese Menschen bin ich sehr dankbar.

*3. Sprecher:*
Wenn ich abends nach der Arbeit in die leere Wohnung komme, tauchen die Bilder von früher manchmal wieder auf. Lebendig ging's zu, wenn ich heimkam, meine Frau und die kleine Tanja waren da. Es gibt gute Erinnerungen an die ersten Jahre, bis dann die Krise kam und ein Vertrauensbruch uns immer weiter voneinander entfernte. Ich war sehr enttäuscht, daß unsere Beziehung nach wenigen Jahren mit einer Trennung endete, denn ich wollte doch eine lange glückliche Partnerschaft erleben. Nun lebe ich seit zwei Jahren allein. Zu Anfang war die Umstellung schwierig, manche Dinge waren mir ungewohnt, und ich hatte einiges zu lernen. Heute habe ich mich mit meiner Lebenssituation arrangiert und ein paar neue Freunde gefunden. Die Abende, an denen mir die Wohnung so fürchterlich leer vorkommt, werden seltener. Dann freue ich mich auf Tanja, unsere sechsjährige Tochter. Sie lebt bei der Mutter, ich kann nur an den freien Wochenenden oder in meinem Urlaub mit ihr zusammensein. Sie ist doch ein Teil von mir und meinem Leben, ich vermisse sie sehr. Und wenn wir Erwachsenen uns auch getrennt haben, Tanja bleibt immer meine Tochter und ich bleibe immer ihr Vater.

*4. Sprecherin:*
Wir kannten uns schon fünf Jahre und wollten ein gemeinsames Leben aufbauen. Als ich dann schwanger war, hat mich mein Freund verlassen. Ich war völlig verzweifelt, wußte überhaupt nicht, was ich machen sollte. Ohne Partner die Verantwortung tragen für ein Kind, allein für alles sorgen, das erschien mir eine nicht zu bewältigende Aufgabe. Ich wollte keine Abtreibung, aber auch keine Adoption.
Ich habe das Kind bekommen, Dirk ist ein gesunder Junge und heute fünf Jahre alt. Aber die Belastungen sind groß, mit dem Geld meiner Halbtagsstelle komme ich so grade über die Runden. Vieles, was andere sich leisten können, besitze ich nicht. Doch das Leben mit Dirk wiegt vieles auf, wir beide sind sehr glücklich.
In der Schwangerschaft und in den ersten Jahren habe ich viel Unterstützung erfahren durch meine Familie und durch Freundinnen. Ohne ihren Rat und ihre tatkräftige Hilfe hätte ich es nie geschafft; diese gute Freundschaft bedeutet mir auch heute sehr viel.

Aber ich begegne auch häufig Menschen, die mich geringschätzig behandeln, weil ich ohne Partner lebe. Dann denke ich, daß sie überhaupt nichts wissen von meinem Leben, von meinem Schmerz und meinem Glück. Und dann bin ich stolz, daß ich es mit Dirk alleine schaffe.

**Kurze Stille**

**Gebet** (1. Sprecherin / 2. Sprecherin)

Herr, unser Gott,
der Du Mensch wurdest, um uns nahe zu sein.
Du kennst unsere Mühen und Sorgen,
Du weißt um unsere ƒngste.
Du kennst unsere Schwächen und Stärken,
Du weißt um unsere Hoffnung.

> Wir sehnen uns nach Menschen,
> die mit uns trauern über den Verlust des Lebenspartners.

Wir klagen Dir jede Gewalt,
die ein Mensch durch einen anderen erfährt.

> Wir sehnen uns nach Menschen,
> die uns erlösen aus dem Schweigen unserer Isolation.

Wir klagen Dir, daß das Wirtschafts- und Gesellschaftssystem
oft Vorrang hat vor den Menschen und Familien.

> Wir sehnen uns nach Menschen,
> die uns und unseren Kindern offen begegnen.

Wir klagen Dir Gemeinden,
in denen man Alleinerziehenden mit Vorbehalten begegnet.

> Wir sehnen uns nach einer Kirche,
> in der alle Menschen in Achtung voreinander leben
> und sich zu Hause fühlen können.

Herr, unser Gott,
höre Du unser Klagen und Sehnen,
laß uns auf Erden nicht heimatlos werden,
und bleibe mit uns auf unserem Weg.

**Lied:** Selig seid ihr, aus: „Uns allen blüht der Tod", Peter Janssens Musik-Verlag 1979

**Bibeltext:** Kohelet 4,7-10

Und wieder habe ich etwas unter der Sonne beobachtet, was Windhauch ist. Es kommt vor, daß jemand allein steht oder niemanden bei sich hat. Ja, er besitzt nicht einmal einen Sohn oder Bruder. Aber sein Besitz ist ohne Grenzen, und überdies kann sein Auge vom Reichtum nicht genug bekommen (...).

Zwei sind besser als einer allein, falls sie nur reichen Ertrag aus ihrem Besitz ziehen; denn wenn sie hinfallen, richtet einer den anderen auf. Doch wehe dem, der allein ist, wenn er hinfällt, ohne daß einer bei ihm ist, der ihn aufrichtet.

**Impulse zum Nachdenken**

„Es kommt vor, daß jemand allein ist und niemanden bei sich hat." Diese Situation des einsamen Verlassenseins kommt immer häufiger vor in unserer Gesellschaft. Alleinerziehende fühlen sich oft alleingelassen. Keiner da zum Gespräch, zum Spielen, zum gemeinsamen Spaziergang. Keine da, mit der ich Freude und Leid teilen könnte.

Was der alte Bibeltext uns sagt, ist auch heutige Erfahrung: „Zwei sind besser dran als einer allein". Das wäre Erlösung, Aufbrechen der Isolation, Zuspruch und Trost in dunklen Stunden. Zusammensein in Gesprächskreisen, Treffpunkten und Krabbelgruppen. Freunde und Freundinnen finden. Ein offenes Ohr, ein offenes Herz, und Hände, die offen sind zum Geben und Nehmen.

Diese solidarische Gemeinschaft, in der die Unterstützung aller für alle selbstverständlich ist.

Denn es geht nicht nur um die Frage, was die Gemeinde für Alleinerziehende tut, sondern ebenso um die Frage, ob sie die reiche Lebens- und Glaubenserfahrung von Alleinerziehenden anzunehmen bereit ist.

Erst im Austausch, in einem von liebender Achtung getragenen Miteinander ziehen wir den reichen Ertrag aus dem Besitz der unterschiedlichen Lebenswege. Den Reichtum menschlicher Begegnungen, in denen der zugegen ist, der sagt „Wo zwei oder drei in meinem Namen versammelt sind, da bin ich mitten unter ihnen".

**Ruhige Musik**

**Fürbitten:**
*1. Sprecherin:*
Du, unser Gott,
der Du uns Vater und Mutter bist,
der Du unser Heil willst im Himmel und auf Erden,
zu Dir kommen wir mit unseren Bitten.

*2. Sprecherin:*
Wir beten für alle Frauen,
die ohne Unterstützung des Vaters
„Ja" zum Leben ihres Kindes gesagt haben.
Erhalte in ihnen das Vertrauen,
daß Liebe und Treue möglich sind,
und sei ihnen nahe durch Menschen,
die ihnen Freund und Freundin sind.

Alle:
Gott, Du unsere Mutter und unser Vater,
erhöre unser Gebet.

*3. Sprecher:*
Wir beten für alle Frauen und Männer,
deren Partnerschaft durch Tod oder Scheidung beendet ist.
Laß sie erfahren,
daß Du sie auf ihrem Weg begleitest
und daß ihre Lebens- und Glaubenserfahrung
für uns alle wertvoll ist.

Alle:
Gott, Du unsere Mutter und unser Vater,
erhöre unser Gebet.

*4. Sprecherin:*
Wir beten für alle Kinder,
die ihre Mutter oder ihren Vater nicht kennen
oder nicht mit beiden Eltern zusammen aufwachsen können.
Schenke ihnen Menschen, die mit ihrer Trauer,
ihrer Wut und ihren Verlustängsten liebevoll umgehen,
und laß sie aufwachsen in dem Vertrauen,
daß verläßliche Beziehungen möglich sind.

Alle:
Gott, Du unsere Mutter und unser Vater,
erhöre unser Gebet.

*5. Sprecher:*
Wir beten für eine Kirche,
in der die erlösende Liebe Jesu das Klima prägt.
Laß uns in der Kirche Dein grenzenloses Erbarmen erfahren,
und schenke uns die heilende Kraft der Versöhnung.

Alle:
Gott, Du unsere Mutter und unser Vater,
erhöre unser Gebet.

*1. Sprecherin:*
Du, unser Gott,
der du uns Vater und Mutter bist,
Du hast unsere Bitten gehört,
auf Dich setzen wir unsere Hoffnung.
Du hast uns Dein Reich verheißen,
Gerechtigkeit, Frieden und Leben in Fülle.
Auf diese Verheißung hin wollen wir uns engagieren
im Vertrauen auf Deine göttliche Weisheit,
den Heiligen Geist. Amen.

**Lied:** Ich lobe meinen Gott, der aus der Tiefe mich holt, aus: Exodus, tvd-Verlag, Düsseldorf 1979,

**Segensbitte**
Der Gott der Gerechtigkeit und des Friedens sei mit uns allen.
Er bewahre uns vor Streit und Einsamkeit,
Er schenke uns die Kraft der Versöhnung und des Friedenstiftens,
Er lasse sein Antlitz über uns leuchten und segne uns und alle,
denen wir begegnen. Amen.

**Musik zum Ausklang**

Entnommen aus: Wir sind viele... Alleinerziehende in der Gemeinde. Arbeitshilfe, hg. von der Arbeitsstelle für Frauenseelsorge der deutschen Bischofskonferenz, Düsseldorf.

# Heiligabend gemeinsam feiern

*Christine Oldemeier*

**Vorbemerkungen**

Seit über zwanzig Jahren gehört zum festen Angebot der Kirchenkreispfarrstelle in Lübeck die gemeinsame Feier des Heiligen Abends.
In den letzten drei Jahren hat diese Veranstaltung in der für vielfältige Gestaltungen offenen Kirche St. Petri stattgefunden. Diese gotische Hallenkirche ohne festes Gestühl, mit warmem Terracottaboden und schlicht weiß gekalkter Halle hat sich als hervorragend geeigneter Raum für die Heiligabendfeier bewährt.
Die Dreiteilung der Veranstaltung: Gottesdienst, festliches Essen (kaltes Buffet) und Bescherung für die Kinder läßt sich hier in verschiedene Stationen im Raum aufteilen.
Die Kirche bietet durch ihre Größe und klare Gliederung die Möglichkeit, bereits im Voraus das Gestühl für den Gottesdienst, die festlich gedeckte Tafel sowie den Stuhlkreis zur Bescherung um die mit einem Tuch abgedeckten Geschenke aufzubauen.

Im Verlauf lassen sich dann die einzelnen „Szenen" durch Schaltung der Lampen beleuchten.

Die Teilnehmerzahl hat sich inzwischen auf etwa 70 Personen eingependelt, wobei zu dieser Feier nicht nur Einelternfamilien, sondern auch andere, die ganz einfach diesen Abend nicht allein verbringen möchten, eingeladen sind.
Zur besseren Vorbereitung erbitten wir Anmeldung der Teilnehmenden, halten jedoch immer zusätzlich 10 Plätze für spontane Besucher bereit.
In den vergangenen zwei Jahren habe ich die inhaltliche Gestaltung des Gottesdienst mit Jörg Scholz, einem befreundeten Kollegen, durchgeführt.

# Christvesper „Der vergessene Josef"

**Orgel und Flöte**

**Begrüßung**

**Lied:** Vom Himmel hoch, 1-6

**Gebet**

**Lesung:** Jesaja 9,1.5.6

**Lied:** Lobt Gott ihr Christen alle gleich, 1-2

**Lesung** der Weihnachtsgeschichte: Lukas 2,1-7

**Lied:** Lobt Gott ihr Christen alle gleich, 3-4

**Lesung** der Weihnachtsgeschichte: Lukas 2,8-14

**Lied:** Lobt Gott ihr Christen alle gleich, 5-6

**Lesung** der Weihnachtsgeschichte: Lukas 2,15-20

**Orgelmusik**

**Aktion und Dialog**
*Sprecherin:*
Oh, wir haben ja etwas vergessen im Trubel der Vorbereitungen. Du meine Güte. Das müssen wir aber schnell nachholen. Wir wollten hier vorn nämlich eine Krippe aufbauen, und nun haben wir nur den Tisch hingestellt und die Krippenfiguren in der Kiste darunter glatt vergessen. Vielleicht helft ihr Kinder mir?
Aber bitte immer einer nach dem andern, damit es nicht ein zu großes Durcheinander wird.
(Jeweils ein Kind greift sich eine Krippenfigur und plaziert sie auf dem bereitgestellten Tisch, bis alle Figuren aufgebaut sind.) Ja schön, nun sind sie alle da, die Figuren, und haben ihren Platz. Was meint ihr, können wir es so lassen? Gefällt es euch so? Oder gibt es noch etwas zu ändern?

*1. Alternative (Kinder und Erwachsene bemerken, daß Josef fehlt)*
*Sprecherin:*
Ach, ich dachte, den brauchen wir doch gar nicht. Bei den meisten von uns ist der Vater ja auch jetzt nicht hier, feiert nicht mit Weihnachten, da habe ich den Josef vorhin extra in der Sakristei liegen gelassen.

*Sprecher:*
Na, da bin ich aber ganz anderer Meinung. Mir ist der Josef schon wichtig. Kannst du ihn nicht noch eben schnell holen?

*2. Alternative (Keiner bemerkt, daß Josef fehlt)*
*Sprecher:*
Hier fehlt doch jemand - der Josef, der ist mir auch wichtig. Wo ist er denn? Ich finde, du könntest ihn jetzt bitte mal rausrücken.

*Sprecherin:*
Okay, wenn du meinst, dann hole ich ihn eben.

(Während der Josef geholt wird, spielt die Querflöte leise „Josef, lieber Josef mein...")

**Lied:** Josef, lieber Josef mein, 1-3

*Sprecherin:*
Du hast gesagt, der Josef ist dir wichtig. Kannst du mal sagen, warum? In der Weihnachtsgeschichte von Lukas wird schließlich nicht so viel von ihm berichtet.

*Sprecher:*
Ja, da hast du schon recht, bei Lukas wird wenig von Josef erzählt. Aber denk doch mal an Matthäus, was wir da alles erfahren von seinen Träumen, der Flucht nach Ägypten und der Rettung. Ohne Josef, so klingt es bei Matthäus, wäre das Kind in der Krippe wahrscheinlich ums Leben gekommen, würden wir heute gar nicht Weihnachten feiern können.

*Sprecherin:*
Ja gut, wenn du das so sagst, dann sehe ich auch etwas positiver, was Lukas erzählt. Dann ist der Josef wohl doch nicht so einfach wegzulassen.

*Sprecher:*
Wenn wir uns das genau angucken, dann ist bei dem Josef immer eine merkwürdige Spannung: Er bleibt fast passiv, möchte sich auch am liebsten davonmachen - und tut trotzdem Richtiges und Wichtiges.

*Sprecherin:*
Was ist das überhaupt für ein Mann? Geht zurück in seine Vaterstadt Bethlehem, um sich dort registrieren zu lassen. Sucht, schließlich angekommen, verzweifelt nach einer Unterkunft, einer Herberge, damit das Kind wenigstens ein Dach über dem Kopf hat, wenn es geboren wird.
Tut ganz einfach das, was nun einmal getan werden muß, also hat schon eine entscheidende Rolle. Und doch ist er jemand, der eher aus dem Hintergrund heraus agiert.

Ein Mann, der sich so „bereitwillig" in den Hintergrund stellt - das ist nicht gerade das, was ich gängigerweise bei Männern erlebe.

*Sprecher:*
Was glaubst du eigentlich, wie Maria den Josef erlebt hat?

*Sprecherin:*
Ich glaube, sie wird ihn, oder richtiger: die Situation, sehr ambivalent, sehr zwiespältig erlebt haben. Zum einen wird ihr Josefs Fürsorglichkeit gutgetan haben. Sie wird sich gefreut haben, daß er zu ihr gehalten hat. Zum anderen aber hätte sie sich sicher den Beginn ihrer Gemeinsamkeit unter anderen Vorzeichen gewünscht, offener, mit nicht so viel Druck, ihn zu brauchen, sich von ihm und seinem Wohlwollen abhängig fühlen zu müssen.

*Sprecher:*
Ich finde eigentlich, daß Josef sich sehr zurücknimmt - und so später ja auch immer wieder dargestellt wurde (beim Wiegen helfen, fürs Feuer sorgen, Süppchen kochen). Meinst du wirklich, daß er Maria von sich abhängig machte?

*Sprecherin:*
Nein, nicht in dem Sinne, daß Josef die Situation für sich ausnutzt. Aber ich kann mir gut vorstellen, daß Maria sich gewünscht hätte, ihre Partnerschaft in einer anderen Freiheit beginnen zu können und nicht unter den Vorzeichen einer Notwendigkeit: Sie möchte das Gefühl haben, daß sie um ihrer selbst willen geliebt wird, und nicht, weil sich jemand zu ihr bekennt, um sie vor gesellschaftlicher Ächtung zu bewahren - ein nichteheliches Kind hätte unter Umständen damals den Tod der Mutter bedeutet.

*Sprecher:*
Da magst du Recht haben. Aber ich frage mich, ob du nicht zu moderne Gedanken an die damalige Beziehung anlegst.

*Sprecherin:*
Ja! Vielleicht aber können wir überhaupt nur so die biblischen Figuren für uns lebendig werden lassen.

*Sprecher:*
Zugegeben, doch können wir in diesem Zusammenhang davon absehen, daß es sich um die Geburt eines besonderen Kindes handelt?

*Sprecherin:*
Wie meinst du das? Sollen wir dieses Ereignis als einzigartig und einmalig verstehen?

*Sprecher:*
In gewisser Weise ja - und deswegen feiern wir Weihnachten. Damals haben die zwei, Maria und Josef, gegen allen Augenschein auf Gott vertraut, und das Kind Jesus wurde geboren.

*Sprecherin:*
Ja, sie haben ihrer Zuversicht leibhaftigen Ausdruck verliehen. Bei ihnen konnte Gott Mensch werden.

*Sprecher:*
Also stimmst du mir zu, daß das damals schon etwas Einmaliges war?

*Sprecherin:*
Gewiß, und dennoch geschieht genau das immer wieder: Gott wohnt da, wo man ihn einläßt - bis heute.

*Sprecher:*
Klingt sehr schön, was du da sagst, aber das hätte ich gern ein bißchen konkreter. Hat das auch etwas damit zu tun, wie wir Männer uns verstehen - und wie ihr Frauen euch versteht?

*Sprecherin:*
Meinst du damit, daß die Geschichte von Maria und Josef irgendeinen Einfluß auf unsere eigenen Vorstellungen von Männern und Frauen haben kann? Daß wir mit Weihnachten auch unser ganz persönliches Leben als Männer und Frauen allein und miteinander anders gestalten könnten, daß wir von den beiden etwas abgucken können?

*Sprecher:*
Ich finde in der Tat, daß wir Männer etwas von Josef lernen können. Es täte uns gut, uns einfach einmal ein Stück zurückzunehmen, auch wenn es nicht in unseren männlichen Kram paßt. Einfach dazusein mit den Möglichkeiten, die wir auch haben.

*Sprecherin:*
Was meinst du denn da zum Beispiel?

*Sprecher:*
An Josef gefällt mir, daß er seine Widerstände gegen die Situation spürt und trotzdem für Maria und das Kind tut, was richtig ist. Er hätte tatsächlich auch abhauen können.

*Sprecherin:*
Ja, er setzt sich seinen widersprüchlichen Gefühlen aus, er bleibt und flieht nicht. Er stellt sich der Verantwortung, auch wenn es ihm Angst macht.

*Sprecher:*
Und Maria? Gibt es etwas an ihr, was dir gefällt?

*Sprecherin:*
Mir gefällt an ihr, daß sie die Hilfe, die sie braucht, auch annehmen kann, ohne sich dabei klein zu fühlen.

*Sprecher:*
Dann finde ich: Wir haben Josef in ein rechteres Licht gerückt. Können wir sagen, daß die Geschichte von Bethlehem auch ein Licht auf uns wirft?

*Sprecherin:*
Na ja, ich finde, diese beiden Menschen zeigen uns mit ihrer Entscheidung füreinander und für das ungeborene Leben, daß es sich lohnt, auf die Stimme des Lebens zu setzen, auch wenn die ganze Wirklichkeit dagegen zu sprechen scheint, auch wenn ihr Tun dem Augenschein nach fast unvernünftig erscheinen mag. Sie glauben an das Leben und tun ganz einfach, was in der Situation das Gegebene ist. Das macht auch mir Mut, hilft in schwierigen, ja aussichtslos scheinenden Situationen an die Macht des Lebens, an Gott zu glauben, dem kleinen Licht, das der Finsternis trotzt, mehr zuzutrauen als aller Düsternis ringsum. Ja, ich glaube, in diesem Licht kann sich auch unser Dasein und Handeln neu entfalten.

**Orgelmusik**

**Lied:** Nun singet und seid froh, 1-4

**Gebet / Vaterunser**

**Segen**

**Lied:** O, du fröhliche, 1-3

## Psalm

Gott, warum muß ich durch diese Wüste.
Verloren und verwirrt.
Gedanken treiben ihren Spott mit mir.
Ich höre Stimmen, die über mich lachen.
Fremde schneiden mir Fratzen und rufen: „Selber Schuld".

Kein grüner Zweig ist an mir,
der mir Hoffnung geben könnte,
ich bin ausgeliefert.
Meine Wurzeln liegen bloß,
sie finden keinen Halt mehr.

Meine Seele ist leer,
mein Haus ist verlassen,
ich suche und rufe:
nach mir,
nach den Namen der Liebe.
Meine Stimme bleibt allein.
Die Namen haben keine Gesichter mehr.

Gott verwüste mich nicht.
Verwandle mein Sehen.
Die Not, die mich drückt.
Finde mich.

*Armin Beuscher*

## Fragen an Gott,
**nachdem jemand sagte: Ich liebe Dich nicht mehr.**
(Orientiert an Psalm 23)

Herr, was bist Du für ein Hirte?
Es mangelt mir an Kraft und Lebensfreude.
Alles in mir ist wie eine weite Wüste,
dürr und hoffnungslos.
Ich taumle durch das Tal
der Traurigkeit.
N.N. liebt mich nicht mehr.
Ich fürchte an allen Ecken und Enden
meines Lebens
Probleme, Bedrohungen, Mißverständnisse,
Gerüchte und Einsamkeit.
Wo bist Du?
Wo ist der Schutz Deines zugesagten Segens?
In der Trostlosigkeit
rinnt mir die Zeit davon.
Der Tisch der Liebe ist abgeräumt,
und ihre Gaben sind auf dem Boden verstreut.
Meine Freunde und Feinde treten darin herum
mit billiger Anteilnahme und unbedachtem Geschwätz.
Die Trennung
wäscht mir gründlich den Kopf,
und ich bin randvoll zornig
in meiner Verzweiflung.
Gutes und Barmherzigkeit?
Werden sie dem allem wirklich folgen?
Bleiben die Narben
nicht mein Leben lang?
Herr, wann ziehst Du los,
mich zu suchen,
wann?

*Hartmut Miethe*

## Bußgebet

Herr,
es offenbaren sich
viele schmerzliche Einsichten.
Ich sehe Bilder,
höre Wörter,
spüre Gedanken,
benenne Gefühle,
die alle Werkzeuge der Entfremdung waren
zwischen mir und N.N.
Mir selbst muß ich Fehler
und Versäumnisse eingestehen.
Verpaßte Chancen der Versöhnung
quälen mich.
„Was wäre, wenn ...?"
Von diesen Fragen gibt es genug.
Werden sich die Antworten einfinden?
Treue bis in den Tod?
Treue bis in den Beziehungstod?
Mein Versagen verfolgt mich,
trotz aller Tröstungen.
Meine Seele ruft nach Stille
und Aussöhnung.
Herr,
erbarme Dich meiner Schuld
und öffne der Vergebung eine Tür,
damit ich durch sie
in die Wärme der Hoffnung gelange.

Amen.

*Hartmut Miethe*

## Lieber Gott.

Es hat ein Ende mit der Liebe.
Denn auch sie hat ihre Zeit.
Sie währt nicht immer bis zum Tode,
und was dann noch bleibt,
sind selten schöne Reden.

Es gibt kein Leben ohne Grenzen.
So vergib uns unsre Schuld.
Damit auch wir vergeben lernen.

Wunden können heilen,
und mit Narben können wir leben.
Es gibt Wurzeln, die uns tragen,
über dürre Zeiten hin.

Gott, wandle auch das Schwere
uns zum Segen.

Amen.

*Armin Beuscher*

## Bittgebet

Wir alle, die wir uns um die Liebe bemühen,
rufen zur dir Gott: Erbarme dich über uns.

Denn es ist mühsam mit der Liebe,
und sie in den Alltag zu ziehen, gelingt uns nicht immer.

Wir bitten für uns alle,
die wir mit Zuversicht unser Leben gemeinsam begonnen haben
und gescheitert sind an den Ansprüchen, an den Träumen;
an der Treue, an der Lust;
an den Erwartungen, an der Macht der Gewöhnung;
am Alltag.

Wir bitten für uns alle, die wir uns nach der Liebe sehnen
und um das Scheitern wissen,
laß uns den Mut nicht verlieren,
laß uns nicht bitter werden,
laß uns einander stärken,
laß uns offen bleiben.

Wir alle, die wir uns um die Liebe bemühen,
rufen zu dir Gott: Erbarme dich über uns.

Wir können die Liebe nicht sichern,
denn sie wandelt sich.
Wir können die Liebe nicht aufgeben,
denn sie ist der Geschmack des Lebens.
Wir möchten nicht den Kopf in den Sand stecken,
wir brauchen Mut,
um allein oder mit anderen zusammen das Heute und Morgen zu wagen.

Wir alle, die wir uns um die Liebe bemühen,
rufen zur dir Gott: Erbarme dich über uns.

Amen.

*Armin Beuscher*

## Gott segne Dich für Deinen Weg

(Segensgebet für einen Trennungsgottesdienst)

Liebe(r) N.N.!

Gott, von dem Du vielleicht das Gefühl hast,
daß er Dich im Stich ließ,
segne Dich für Deinen neuen Lebensweg.

Gott, von dem Du Dir in der Lebenskrise mehr Nähe
und Kraft erwartet hattest,
ist Dir nahe und stärkt Dich.

Gott, von dem Du einst gesegnet wurdest
und dessen Segen Dir schmerzlich schwach erschien,
behält Dich in seinem Herzen.

Gott, der in Wahrheit in all Deinem zurückliegenden
Leid mit-leidend Dein Gefährte war,
er segnet Dich für Deinen Weg.

Amen.

*Hartmut Miethe*

## Geschieden

Was so fest geglaubt,
ist vergangen.
Der Fels der Gemeinsamkeit
wurde langsam unterspült.
Jede Traurigkeit darüber
ist ein letztes Zeichen
der alten Liebe.
Jeder Felsen wird einmal
zu Sand,
aber wenn es zu schnell geht,
zum Zusehen schnell,
dann, Herr,
wird das Tosen der Wellen noch heftiger
und die Hilflosigkeit trägt uns davon
zu neuem Glück,
zur Einsamkeit...

Wer weiß wohin?

Laß es uns einmal wissen, Herr.

*Hartmut Miethe*

## Geschieden

Manchmal fühle ich mich gescheitert, Herr,
und manchmal ist da ganz tief in mir
eine neue Lebendigkeit.
Die Leute wissen nicht,
wie lange ich gezögert habe,
den Trennungsstrich zu ziehen
- aber Du weißt es.

Du kennst die Augenblicke, in denen
ich ihm etwas schuldig geblieben bin
- aber Du kennst auch die Grenzen
unserer Beziehung.
Du weißt um meine Verletztheit.
Du bist ein Gott, der heil macht,
der versteht und verzeiht.
Dafür danke ich Dir.

Ich bitte Dich für meine Kinder, Herr.
Für ihren Vater zu bitten, fällt mir schwer,
zu tief sitzt die Kränkung
- doch da tauchen alte Szenen auf,
dann weiß ich,
daß es auch eine gute Geschichte gab mit uns.

Ich brauche Mut für meinen neuen Weg, Herr.
Manchmal stürzt zu viel auf mich ein,
und manchmal fühle ich mich ganz leer
- doch da wächst auch eine neue Kraft in mir.
Bleib bei mir, Herr.

*Anna K.*

## Gebet beim Reinemachen

Kehraus mein Herz und suche Freud'.
Die verloren ist.
Ausgezogen.
Aus dem gemeinsamen Haus.
Geräumt.
Leer die Regale,
der Wind pfeift hindurch.
An den Wänden Bildabdrücke,
vergilbte Reste,
bald übertüncht.

Kehraus mein Schmerz, ich suche Freud',
mir reicht das Leid.
Ausgeweint.
In mir klebt noch das Salz der Tränen.
Mein Herz hat noch Erinnerung.
Es wird schon werden.
Oh, Gott. Bang ist mir nur
vor dem Alleine-sein.

Amen.

*Armin Beuscher*

## Abendgebet

Lieber Gott,
heute war ein schöner Tag.
Ich habe Petra gesehen.
Ihre Eltern sind auch geschieden.
Ich glaube, sie wird meine Freundin.

Mama hat heute viel Spaß gemacht.
Vielleicht hat sie auch Leute gesehen,
die sie nett findet.
Sie war so fröhlich.

Hilf, daß es auch meinem Papa gut geht.
Er ist so weit weg und soll gut schlafen.
Amen.

*Julia*

# Impulse

# Was ich damals gebraucht hätte...
# Was ich Kindern von getrennten Eltern sagen möchte

*Matthias Lau*

**1. Du kannst nichts dafür!**

Wenn sich deine Eltern trennen, ist das schwer für dich. Und oft fragen sich Kinder in deiner Situation: Warum passiert mir das? Was habe ich nur falsch gemacht? - Gar nichts! Wenn zwei erwachsene Menschen ihr Leben nicht mehr gemeinsam leben können, dann ist das eine Sache zwischen diesen beiden Menschen. Sie trennen sich nicht wegen dir, oder weil du etwas falsch gemacht hast. Sie trennen sich, weil sie miteinander nicht mehr können. Und du kannst nichts dafür!

**2. Du kannst nichts machen!**

Du kannst davon ausgehen, daß niemand sich gerne oder leichtfertig trennt, auch deine Eltern nicht. Sicher haben sie alles getan, um die Trennung doch noch zu verhindern. Und jetzt geht es eben nicht mehr. Daran kannst auch du nichts ändern. Es ist am ehesten mit einer Krankheit zu vergleichen: Menschen können sich gesund ernähren, warm anziehen, impfen, und doch werden einige krank und andere nicht. Und manche Krankheiten sind nicht heilbar. Es ist schlimm, zu erleben, daß die Eltern machtlos sind. Vielleicht genauso schlimm, wie zu erleben, daß du selbst machtlos bist. Es ist schlimm, aber es ist so, und es hat auch sein Gutes:

**3. Du mußt nichts machen!**

Wenn das so ist, daß du an der Trennung nichts ändern kannst, und ich bin ganz sicher, daß das so ist, dann mußt du auch nichts mehr ändern. Du mußt dich nicht mehr anstrengen, besonders „brav" zu sein oder dich irgendwie „unsichtbar" zu machen, um nicht zu „stören". Du mußt nicht verstecken, was du selbst fühlst und was dir wichtig ist. Zeig also ruhig, wenn du traurig bist oder verzweifelt oder enttäuscht, es kann die Situation nicht mehr verschlechtern, aber es kann dich entlasten.

**4. Deine Eltern sind getrennt!**

Sicher wünschst du dir oft, daß wieder alles so ist wie früher, daß alle zusammen wohnen und sich verstehen. Aber wenn Eltern sich trennen, auseinanderziehen und sich scheiden lassen, dann haben sie vorher alles versucht, das zu verhindern, und dann ist ihre Entscheidung in aller Regel endgültig und nicht mehr veränderbar. Es ist besser für dich, wenn du dich damit abfindest und darauf einstellst, als daß du immer weiter hoffst, daß sie doch noch wieder zusammenkommen.

**5. Du hast ein Recht auf beide Eltern!**

Du hast ein Recht auf beide Eltern, und du brauchst beide Eltern, und normalerweise wissen deine Eltern das auch. Sie werden eine Regelung finden, daß du weiter mit beiden in Verbindung bleibst. Je nachdem, wie alt du bist, kannst du darüber mehr oder weniger mitentscheiden. Vielleicht kommt dir jede Lösung schlechter vor, als wenn deine Eltern noch zusammenleben würden. Vielleicht findest du es aber auch leichter, beide Elternteile einzeln zu genießen und nicht mehr die dauernden Streitigkeiten miterleben zu müssen.

Es wird sich vieles ändern. Wenn du z.B. - wie das meistens der Fall ist - bei deiner Mutter lebst und deinen Vater an Wochenenden und in den Ferien siehst, dann kannst du zwar nicht mehr alles mit ihm teilen, was du im Alltag erlebst. Aber er wird sich Zeit nehmen und nur für dich da sein, wenn du bei ihm bist, und ihr könnt viele schöne Dinge in der Freizeit miteinander erleben. Vielleicht ist das weniger, vielleicht auch mehr als vorher. Und noch etwas: Je älter du wirst, um so besser kannst du dein Recht auf beide Eltern durchsetzen, kannst selber die Verbindung halten und gestalten.

**6. Ein neuer Partner - eine neue Partnerin**

Über kurz oder lang kann es sein, daß deine Mutter einen neuen Partner, dein Vater eine neue Partnerin findet. Du wirst ihn oder sie auch kennenlernen, vielleicht unternehmt ihr etwas zusammen oder fahrt gemeinsam in den Urlaub. Und vielleicht zieht ihr eines Tages sogar zusammen. Das alles bringt wieder eine Menge Veränderungen für dich, und vielleicht bist du da gar nicht so glücklich darüber. Vielleicht verstehst du dich nicht mit der oder dem „Neuen", oder du hast Angst, daß er oder sie dir etwas von deiner Mutter oder deinem Vater wegnimmt. Es ist wichtig, daß du all diese Gefühle zuläßt und aussprichst, wenn sie da sind. Möglicherweise ändert sich etwas an diesen Gefühlen; vielleicht bleibt es aber auch dabei, daß du ihn oder sie nicht magst. Du bist nicht verpflichtet, einen Menschen zu lieben, nur weil dein Vater oder deine Mutter ihn liebt.

Für deine Mutter ist ein neuer Partner, für deinen Vater eine neue Partnerin jedenfalls eine Chance auf ein neues Glück. Und mit einem Elternteil zusammenzuleben, der unglücklich ist, weil er einsam ist, das ist auch für dich nicht schön.

Vielleicht wird das Ganze auch für dich richtig gut. Vielleicht verstehst du dich gut mit dem/der „Neuen", vielleicht hat er/sie eigene Kinder, mit denen du etwas anfangen kannst.

Eines aber ist wichtig: Deine Mutter bleibt immer deine Mutter, dein Vater immer dein Vater!

**7. Du mußt nicht allein mit allem fertig werden!**

Wenn Eltern sich trennen, ist das für die Kinder schmerzhaft. Vieles verändert sich, vieles verstehst du nicht, du machst dir Sorgen oder bist einfach traurig. Trennung ist schlimm, aber es ist kein Versagen und keine Schande. Du mußt es nicht vor anderen verbergen, daß sich deine Eltern getrennt haben. Vielen Menschen geht es ähnlich, und viele haben Verständnis für deine Situation. Darum mußt du nicht allein mit allem fertig werden! Natürlich kannst du mit deinen Eltern darüber sprechen. Du kannst dich aber auch mit anderen Kindern zusammentun, die Ähnliches erlebt haben. Du kannst dich Verwandten oder Freunden anvertrauen oder auch einem Lehrer dein Herz ausschütten, wenn du Vertrauen zu ihm hast. Jedenfalls mußt du nicht alles mit dir selbst ausmachen, du darfst Hilfe von anderen in Anspruch nehmen.

## I.
## Die Zerreißprobe

Kai war immer schon ein unruhiger Schüler. In den letzten Monaten aber war er kaum mehr zu bändigen. Vor allem: Er selber konnte sich nicht mehr leiden. Wenn alle in der Klasse ruhig waren, flippte er aus, wenn alle lachten, stänkerte er, wenn andere ihn kritisierten, wurde er aggressiv. Viele hatten Angst vor ihm, denn er war groß und kräftig. Manche bewunderten seine geistreichen Einfälle, aber so richtig gern hatten sie ihn alle nicht.
Heute war er anders. Als ich die Geschichte von dem Mädchen, dessen Eltern sich getrennt hatten, vorlas, machte er keine abfälligen Bemerkungen wie sonst oft, er stänkerte und störte nicht. Er saß still da und zeichnete etwas in sein Heft. Keinen ließ er hineinsehen. Ich störte ihn auch nicht. Er blickte nicht auf, als wir miteinander über die Geschichte sprachen. Er kritzelte weiter. Als es schellte, kam er fast wie beiläufig an meinem Tisch vorbei, schob seine Zeichnung herüber und sagte im Hinausgehen: Damit Sie es wissen, das bin ich.* Und meine Eltern lassen sich scheiden.

Es ist schwer, einzelne Kinder in der Schule oder im Konfirmandenunterricht auf ihre häusliche und ihre familiäre Situation anzusprechen. In der Regel machen sie dicht und verteidigen ihr noch so kaputtes Zuhause. Da soll keiner reingucken. Oder sie nehmen ihre Wunschträume, wie es sein könnte, für die Realität und wollen es gutreden. Meine Erfahrungen haben mir gezeigt, daß - wie im Fall von Kai - mit dem scheinbaren Umweg über eine kurze Geschichte, Szene oder ein Bild, Kinder vom „neutralen" Boden aus anfangen, Mitteilungen über sich zu machen.
So könnte die Geschichte von Kai eine Gruppe dazu anregen, je einzeln eine Zeichnung anzufertigen, wie Kai sie gemacht haben könnte. Ist jemand wie Kai in der Gruppe, wird er oder sie vermutlich reagieren. Und die übrigen bekommen mehr Verständnis für Kinder in Scheidungssituationen.

## II.
## Verzettelte Beziehung

Als sie heirateten, gingen ihre Uhren so unterschiedlich, als lebten sie auf zwei verschiedenen Erdteilen. Er experimentierte für seine Doktorarbeit überwiegend des Nachts im Institut, und sie hatte gerade ihre erste Stelle als Apothekerin und mußte jeden Morgen pünktlich sein. Wenn er von seinen empfindlichen Meßgeräten um vier oder fünf Uhr früh nach Hause kam, schlief sie fest. Ihre zwei, drei letzten Stunden der Nacht mochte er nicht stören. Auf seinem Bett lag immer ein kleiner Zettel, etwa so: „Schlaf gut! Hoffentlich hat Dein Versuch geklappt! Ich ruf Dich später an, mein Liebster, Deine E.". Noch vor sieben schlich sie leise aus dem Schlafzim-

* Er hatte ein Kind zwischen seinen Eltern gemalt, die an ihm ziehen."

mer, frühstückte rasch in der Küche, schrieb noch etwas Liebes auf ein rotes Zettelchen und fuhr mit dem Bus zur weit entfernten Apotheke.
Wenn sie heimkam, war er meistens im Institut. Dann lag da wieder eine Botschaft für sie auf dem Eßtisch. „Wir hätten die Zettel alle aufheben sollen", sagte sie später, „wir hätten ein Buch daraus machen können." Aber da war alles schon vorbei.
Die kleinen Liebeserklärungen der ersten Monate ihres Ehelebens wurden zunehmend nüchterner, etwa so, wie sie einmal beim Heimkehren las: „Ich liebe Dich. Im Kühlschrank fehlt die Butter." Sie hätten sich so viel zu erzählen gehabt, aber die Zettel waren zu klein, Zeit zum Telefonieren war rar, und die Wochenenden gab's kaum. Und wenn sie einmal rausfuhren, wollten sie abschalten oder mußten Mißverständnisse ausräumen.
„Komme heute nacht vielleicht gar nicht. Großversuch." Solche Zettel lagen nun immer öfter auf dem Küchentisch. Ihre Fragezettel „Um was geht es denn gerade?" fanden keine Antwort: „Läßt sich in ein paar Worten nicht erklären. W."
Der Kollegin mußte er das alles nicht erklären, sie arbeitete Nacht für Nacht im Institut mit ihm zusammen, und sie brauchten keine Zettel, um sich zu verständigen. „Du mußt es ihr sagen", drängte sie ihn.
Aber weil das nicht auf einen Zettel paßte, verschob er es immer wieder. Dann endlich, nach vielen Tagen und Nächten, in denen sie sich kaum - noch nicht einmal schlafend - gesehen hatten, schrieb er auf einen flüchtig ausgerissenen Zettel: **„Wir müssen miteinander reden!"**
Gut ein Jahr später wurde die Ehe geschieden. Der diensttuende Richter brachte es kaum über sich. Alle, die die beiden zusammen gekannt hatten, waren bestürzt: Was für ein Paar! Sie waren doch wie füreinander geschaffen!

Am Ende der „verzettelten Beziehung" steht der Schlüsselsatz für ein Gespräch mit jungen Paaren: Wir müssen miteinander reden! Wenn diese Einsicht nicht am Anfang einer Beziehung steht, im Sinne von: „Wir müssen miteinander reden können", wird sie am Ende zum drohenden Signal dessen, der die Beziehung verlassen will. Gemeinsame Lebensplanung darf die Uhr nicht aus dem Auge verlieren, die beiden Partnern erlaubt, genügend viele Stunden des Tages und der Nacht miteinander leben zu können.
Wenn dies zeitweise nicht möglich ist, müßte sich das Paar der Gefahr bewußt sein und Strategien zum Gegensteuern entwickeln. Der Ehering allein reicht nicht.

# Freunde in der Not...?
## Begegnungen nach der Trennung

*Simone Alexander*

"Weißt Du, gemeinsam gelöste Krisen binden enger zusammen. So habe ich es selbst erlebt."
Mühsam preßte ich den Hörer an mein Ohr, um nur ja nichts von dieser mit spürbar innerer Erregung weitergegebenen Weisheit zu verpassen. Obwohl - so ganz neu war mir das nicht. Vor meinem Auszug hatte ich ja einiges versucht. Die Möglichkeit der Trennung zog ich erst zuletzt in Betracht, und zur Umsetzung brauchte es noch einige Zeit mehr. Davon hätte ich jetzt gerne erzählt, jedoch traute ich mich nicht, denn mein Freund am anderen Ende der Telefonleitung schwelgte gerade so bewegt in seinen eigenen Erinnerungen. Dann fing er sich wieder und teilte mir mit feierlicher Stimme mit: "Schließlich hat man sich etwas versprochen." Das saß. Innerlich knickte ich zusammen. So eine war ich also; eine, die Versprechen nicht einhielt, moralisch kaum noch akzeptabel und vermindert gesellschaftsfähig. Vielmals dankend für die Hilfestellung beendete ich das Gespräch. Ich ahnte, wieviel mein Gesprächspartner mir gerade von sich gegeben hatte, wenn er mir auch leider überhaupt nicht geholfen hatte. Eher im Gegenteil: Die Einladung zum Tee baute sich beinahe drohend vor mir auf. Hatten wir über mich oder über ihn geredet? "Und außerdem", trotzte ich in meiner Angst in den einsamen Hörer hinein, "Enge macht mir Angst!"

Das Gespräch mit einem anderen Freund dauerte überhaupt nicht lange. Mein "Helfer" ereiferte sich spontan, er wisse, wie das sei; er habe das alles durchgemacht. Was für eine Frechheit! Für mich brach meine Welt zusammen, und hier wurde alles zum Erlebnis zweiter Wahl abklassifiziert. Alles schon mal dagewesen? Nein, so eine Problempauschalisierung nahm ich nicht hin. Ich hatte das Recht auf mein eigenes einzigartiges Problem und war auf der mühsamen Suche nach einer individuellen Lösung, auf keinen Fall wollte ich mir abgestandene, verjährte Trennungsgeschichten anhören.

"Na, Du Arme", klang es mir von einer Freundin entgegen. Das fand ich nicht übel. Ein bißchen Mitleid tat ganz gut. "Och je, geht es Dir sehr schlecht?" Ja, in diesem Moment spürte ich es richtig. Eine Woge der Verzweiflung überrollte mich und ließ mich förmlich darin versinken. Nun ist es zwar prinzipiell richtig zu sagen, daß weinen befreit, doch im Meer meiner Tränen wollte ich wahrhaftig nicht versinken. Nein, ich suchte nach Strukturen zur Verarbeitung der gesamten Problematik. Mit dem nun getrennt lebenden Partner wollte ebenfalls eine Form der Begegnung gefunden werden.

Auch die vorwurfsvolle Frage "Warum hast Du nichts gesagt?" konnte mir keine einleuchtende Eingebung verschaffen. Bemerkenswert fand ich die sich häufig anschließende Mitteilung: "Wir haben schon längst gemerkt, daß etwas nicht stimmt." Auch gymnastische Mittel wurden mir empfohlen. Da ich jedoch vom ständigen "Kopf hoch" nur Nackenschmerzen bekam, habe ich die Übung, bei der ich die Ohren steifhalten sollte, nicht mehr versucht.

Freunde, die in einer Partnerschaft lebten, gaben mir freundlicherweise übereinstimmend den Hinweis auf eigene durchlebte (und somit gelöste) Krisen. Alle übrigens völlig ungefragt. Auf diese Mitteilung, die mir durch ihren pauschalen Inhalt nicht weiterhalf, sondern mir auch noch das Gefühl sozialer Ausgrenzung gab, hätte ich gerne verzichtet.

Der von mir so dringend benötigte Außenkontakt entwickelte sich durch die Überforderung meines Umfeldes, bis auf wenige Ausnahmen, zu einem Spießrutenlauf. Die ständig in den Gesprächen erwarteten und erfragten Details raubten mir unglaublich viel Kraft. Auf der Suche nach eigenen Stärken, Mitteln, die mir einen konstruktiven Weg aus der Krise eröffnen sollten, fand ich zunächst nur Hinweise auf meine Unzulänglichkeit. Dabei unterstelle ich niemandem eine bewußte oder bösartige Handlung. Meine ehrlich bemühten "Helfer" waren oft gar nicht in der Lage, meine akute Trennungsproblematik von ihren eigenen unterschwellig vorhandenen oder unverarbeitet gebliebenen Krisen zu unterscheiden. Sie projizierten unbewußt eigene Themen in meine Situation hinein, waren also gar nicht „bei der Sache". Die widersprüchliche Mischung aus versuchter Hilfestellung und ungelösten eigenen Problemen, die ich nur spüren und nicht explizit ansprechen konnte, wirkte äußerst verwirrend. Ich fühlte mich in eine Pflicht genommen, der ich nicht entsprechen konnte. Ich war indirekt in die Probleme anderer eingeweiht worden und hatte auf verschlüsseltem Weg Informationen aus deren Intimsphäre erhalten. Es war beinahe, als sollte ich in meiner Trennung die Probleme anderer mitlösen. Auf diese Weise entstand eine künstliche Distanz. Die Möglichkeit zur Hilfestellung war bereits vergeben, sobald ich, die Hilfesuchende, nicht als Persönlichkeit mit meinem individuellen Problem und seinem sich daraus ergebenden unvergleichbaren Hintergrund angenommen wurde.

Die in die Trennung gemündete Beziehungskrise löst auch im Umfeld enorme innere Bewegung aus. Dem Umfeld wird ein Spiegel vorgehalten. "Wie geht es mir/uns?", lautet die unausgesprochene Frage. In der Krise wird oft der Sinn des Lebens hinterfragt. Hier ergibt sich die Schwierigkeit, das Anforderungsprofil an den Ratgeber. Er darf in dem Ratsuchenden nicht die Neu- bzw. Dauerhinterfragung seines eigenen Lebens sehen. Der Berater muß sich ehrlich und selbstkritisch eigene Probleme eingestehen, er kann nicht unreflektiert von seiner Situation auf die des Hilfesuchenden übergehen. Das ist die Voraussetzung, um sich auf den Hilfsbedürftigen in dessen Situation einlassen zu können. So gesehen, bietet sich jedem um Hilfe Angefragten die Chance zur Begegnung mit sich selbst. Das ehrliche Zusammenfinden mit dem Hilfesuchenden ist von seinem Umgang mit der Frage nach eigener Zufriedenheit abhängig.

Wer in einer Trennung lebt, muß sein Leben oft völlig neu ausrichten. Er muß neue Strukturen für sich schaffen und sich auf eine veränderte Lebenssituation einlassen. Die Trennungsproblematik kann nur im Gespräch erfaßt werden. Die angstfreie Aussprache ermöglicht, die Situation mit ihren Konsequenzen zu erkennen und zu verarbeiten. Dabei ist für den moralischen Zeigefinger kein Platz.

Die Trennung vom Partner will auch mit Freunden durchlebt und durchlitten werden. Gerade der Freundeskreis, an den man sich in seiner Krise zuerst wendet, um Trost und Hilfe zu erfahren, erweist sich aufgrund eigener unaufgearbeiteter Beziehungskrisen oft als hierzu unfähig. Nicht selten findet ein Rollentausch statt; als Hilfesuchender wird man plötzlich zum Adressat dieser unaufgearbeiteten Beziehungsprobleme.

Deshalb gilt in einem doppeldeutigen Sinn das eingangs erwähnte Zitat: "Gemeinsam gelöste Krisen binden enger zusammen."

## Vom Weißfisch und der Kaulquappe

Eine Kaulquappe hatte einen Weißfisch geehelicht. Als ihr Beine wuchsen und sie ein Frosch zu werden begann, sagte sie eines Morgens zu ihm: „Martha, ich werde jetzt bald meiner Berufung aufs Festland nachkommen müssen; es wird angebracht sein, daß du dich beizeiten daran gewöhnst, auf dem Lande zu leben."
„Aber um Himmels willen!", rief der Weißfisch verstört, „bedenke doch, Lieber: meine Flossen!, die Kiemen!"

Die Kaulquappe sah seufzend zur Decke empor: „Liebst du mich, oder liebst du mich nicht?"
„Ei aber ja", hauchte der Weißfisch ergeben.

„Na also", sagte die Kaulquappe.

*Wolf Dietrich Schnurre*

## Am Ende

Es war eine Elefantenhochzeit
damals
nun waren sie am Ende.
Nur die Vorwürfe hörten nicht auf.

Es waren Elefantenvorwürfe:
„Du bist ein Dickschädel."
„Du bist ein Trampeltier."
„Du sitzt alle Probleme nur mit deinem dicken Hintern aus."

Es war eine Maus unter ihnen.
Die sagte:
„Das stimmt, was ihr einander vorwerft.
Denn ihr habt mich mit eurem dicken Po in den Sand gedrückt
und mit euren breiten Füßen meinen Weg uneben gemacht."
Dann holte die Maus tief Luft:
„Aber jeder von euch hat mir Schatten gespendet
und mir Schutz geboten vor der Schlange,
und das hat mir auch geholfen."

*Armin Beuscher*

## *Bilanz II*

36 Gäste
1 Fonduegerät
2 Brotmaschinen
1 Toaster
3 Teeservice
Bettwäsche
Tischtücher
Gläser
Blumenvasen
Blumen
Tortenplatten
Chromaganbesteck
4 Wurstplatten
Geldgeschenke

verworfen zwei Teetassen, drei Wassergläser
zerbrochen 1 Salatschüssel mütterlicherseits
unauffindbar die 2 Brotmaschinen

dazugekommen 1 Kind
und diverse Haushaltswaren
ein paar Schulden

durch zwei
minus die Abnutzung

*Armin Beuscher*

EIN FESTE BURG
waren wir,
gute Waffen,
schlecht bewährt.

Keine Feinde haben die Burg genommen,
wir haben sie verlassen.

Die Mauern stehen noch,
können noch beeindrucken.

So ein tolles Paar.
Aber hinter den Mauern
war es kalt.
Keine Blumen, kein Licht,
keine Frage,
wir haben uns verschanzt,
dichtgemacht,
bis einer es geschafft hat, auszubrechen.

Und keiner konnte es verstehen -
gerade ihr
wart doch immer so stark und einig.
Ein feste Burg.

*Armin Beuscher*

## *Sitzend und wartend*

Seit wann hat diese blaue Hose grüne Flecken?

Wie kommen Muscheln auf die Fensterbank?

Der Vogel vor dem Fenster: jetzt steigt er, oder
jetzt fällt er?

Hinter meinem Rücken sitzt hinter der Wand der Nachbar?

Wenn jemand grußlos vorbeigeht, kann das bedeuten,
daß er ein fremdes Verständigungssystem benutzt?

Wenn etwas auffällt, das es schon lange gibt oder das man
schon oft wahrgenommen hat, warum
fällt es erst jetzt auf?

Wann haben Sie zum ersten Mal an Ihren Tod gedacht?

Waren wir glücklich?

Und wenn nicht, gab es nicht wenigstens einige Ansätze,
an die es lohnt sich zu erinnern?

Wir haben uns weh getan. Warum tun wir
uns immer noch weh?

Alte Klänge wieder hörend. Das Repertoire der Vergangenheit
nimmt ständig zu. In welchem Maß bestimme ich
die Vergangenheit anderer Menschen?

Warum kein Hunger heute, nicht einmal Durst,
überhaupt kein Bedürfnis, keine Selbstgewißheit, kein
Gefühl für die Notwendigkeit, etwas für den Bestand
der Person zu tun?

Gestern war ich in einer Situation, in der ich sagte,
das Selbstverständliche sei eben nicht selbstverständlich.
Ich stotterte fast, so kam ich mir vor, aber
hast du gemerkt, was ich meinte und worauf
sich alles bezog und daß es mir viel lieber gewesen wäre,
wenn ich in dieser Situation nicht recht behalten hätte?

Plötzlich kann es zu spät sein - was? Irgend etwas,
der Aufschub von Entscheidungen passiert ja fast täglich,
also, plötzlich ist etwas zu spät, und wir wissen
das auch und wir rühren uns nicht von der Stelle;
könnten wir uns denn nicht helfen, mit einer Geste,
einem Schlag, einem Wort gegen die Lähmung?

Immer noch Angst vor dem Schrillen eines Telefons?

Welches Hemd heute morgen?

Kannst du bald für die Klarheiten sorgen, die wir
für die Fortsetzung unseres Lebens brauchen?

*Jürgen Becker*

*Les feuilles mortes*

Oh! je voudrais tant que tu te souviennes
des jours heureux où nous étions amis.
En ce temps-là la vie était plus belle
et le soleil plus brûlant qu'aujourd'hui.
Les feuilles mortes se ramassent à la pelle.
Tu vois, je n'ai pas oublié ...
Les feuilles mortes se ramassent à la pelle
les souvenirs et les regrets aussi.
Et le vent du Nord les emporte dans la nuit froide de l'oubli.
Tu vois, je n'ai pas oublié la chanson que tu me chantais.

C'est une chanson qui nous ressemble.
Toi tu m'aimais et je t'aimais.
Nous vivions tous les deux ensemble
toi qui m'aimais
moi qui t'aimais.
Mais la vie sépare
ceux qui s'aiment
tout doucement
sans faire de bruit.
Et la mer efface sur le sable
les pas des amants désunis.

*Jacques Prévert*

*Welkes Laub*
Oh, ich möchte so gerne, daß du dich erinnerst
an die glücklichen Tage, als wir Liebende waren.
Zu dieser Zeit war das Leben schöner
und die Sonne war brennender als heute.
Das welke Laub schaufelt man zusammen.
Du siehst, ich habe nicht vergessen ...
Das welke Laub schaufelt man zusammen,
die Erinnerungen und die Klagen ebenso.
Und der Nordwind trägt es fort in die kalte Nacht des Vergessens.
Du siehst, ich habe das Lied, das du mir vorgesungen hast, nicht vergessen.

Es ist ein Lied, das uns gleicht.
Du liebtest mich, und ich liebte dich.
Wir lebten beide zusammen,
du, die du mich liebtest,
ich, der ich dich liebte.
Aber das Leben trennt
die Liebenden,
ganz sanft
ohne Lärm.
Und das Meer löscht auf dem Sand
die Schritte der getrennten Liebenden aus.
*(Übersetzung von Rainer Lüddecke)*

## Hinführung zu dem Gedicht „Les feuilles mortes"

*Rainer Lüddecke*

Das 1946 erschienene Gedicht „Les feuilles mortes" des französischen Surrealisten, Drehbuchautors und Lyrikers Jacques Prévert (1900-1977) ging in der Vertonung von Joseph Kosma (1905-1969) und in der Interpretation vor allem durch Yves Montand um die Welt - es ist bis heute eines der populärsten französischen Gedichte nach 1945 (1). Sein zentrales Thema ist die erloschene, vergangene Liebe und die Gewißheit der endgültigen Trennung beider Liebender.

Das Gedicht lebt aus der Antithese von Frühling und Herbst, von Liebe und Trennung. Die Verse I,2-4 lassen in wenigen Worten die Zeit der Liebe aufleuchten: Es ist die Zeit der Verwandlung der Welt durch die Liebe - alles ist heller, wärmer, schöner, glücklicher. Doch dann (I,5-10) folgt ein schmerzlicher Gegensatz, an dem - so verdeutlicht es der erste Vers - das lyrische Ich leidet: Alles das existiert nicht mehr, geblieben sind nur noch die Erinnerungen. Das „Heute" (vgl. I,4) wird durch ein sehr konkretes Bild veranschaulicht: Die welken Blätter werden zusammengekehrt - waren sie früher schön und lebendig, sind sie jetzt unansehnlich und tot; sie sind ebenso leblos, wie es jetzt die Liebe ist; die Erinnerungen und die Klagen sind nun wertlos geworden. An die Stelle der Wärme (vgl. I,4) sind der Nordwind und die Kälte der Nacht des Vergessens getreten (I,9).

Auch die zweite Strophe führt den Gegensatz von Liebe und Trennung fort: Die Innigkeit der gegenseitigen Liebe und des glücklichen Zusammenlebens (II,2-5) wird ersetzt durch die Trennung - und sie geschah nicht aufgrund von Diskussionen, Streit oder Schlimmerem, sondern die beiden Liebenden haben sich getrennt, ohne sich darüber klar zu werden; sie haben sich auseinandergelebt, ohne es zu bemerken, ohne daß sie wußten, warum. Die große Liebe wurde nach und nach verdrängt durch Gleichgültigkeit (vgl. II,5-8). Die zwei letzten Verse lassen den Leser die Trennung der beiden Liebenden miterleben: Er sieht die Schritte der beiden, der eine geht nach links, der andere in die entgegengesetzte Richtung, und das Meer wischt ihre Fußspuren aus - ein wunderbares Bild für das Ende ihrer Liebe und die definitive Trennung der beiden Liebenden. Nicht zufällig lautet das letzte Wort des Gedichts „désunis" (getrennt).
Nun erkennen wir auch, was es mit dem in I,10 und II,1 erwähnten Lied auf sich hat: Sein Inhalt war eine Vorwegnahme dessen, was beide Liebenden in der Zeit vom Frühling bis zum Herbst selbst erlebt haben - Liebe und Trennung.

Woraus erklärt sich der eigenartige Zauber dieses Gedichts? Aus den beeindruckenden Bildern? Aus der Antithese von Liebesglück und Trennungsschmerz? Aus der Atmosphäre? Oder vielleicht daraus, daß dies ein Gedicht ist, das sich an alle Menschen wendet; denn wer spricht? Wer ist „ich" und wer „du"? Wir wissen es nicht. Prévert läßt dies bewußt in der Schwebe, so daß jeder von uns sich mit dem lyrischen Ich identifizieren kann, dem ähnliches passiert ist: schmerzliche Trennung nach einer großen Liebe.

## Anmerkung

1. Zwar hat das Gedicht den doppelten Umfang, doch werden in vielen Anthologien - wohl unter dem Einfluß der Vertonung - nur die ersten beiden Strophen abgedruckt.

# Wochenendfreizeit/Seminarabende zum Thema: Unterwegssein verwandelt

*Armin Beuscher*

Mit Symbolen den eigenen Lebensweg bedenken und den Mut finden, weiterzugehen - für Menschen in guten und schlechten Zeiten

Symbole: Weg, Steine, Brücke, Fluß

Ziel des Wochenendes:
- Sich der Lebenssituation stellen
- Für sich selbst einen Weg entdecken
- Den eigenen Weg würdigen
- Neue Möglichkeiten erkennen
- Zu Quellen der Kraft einen Zugang finden

## I. Einstimmung

I.1. Welches Symbol ordne ich mir zu, ist mir am vertrautesten?

Gedanken dazu aufschreiben

Ins Gespräch kommen mit der Nachbarin, dem Nachbarn.

I.2. Meditation: Mein Weggepäck
Mit was bin ich hier, was habe ich schon alles geschafft, was trage ich auf meinem Rücken, wie kann ich es mir leichter machen, wo geht mein Weg hin, was brauche ich für mein Unterwegssein, welche Hilfen kann ich mir holen (Stock, Wegzehrung, Weggefährten ...), wo gibt es Orte der Ruhe, Erholung und Kraft?

(Eine geführte Meditation kann hilfreich sein, um diese Frageaspekte vertieft zu bedenken.)

II. Gedanken zu den Symbolen

## II.1. Symbol *Weg*

Impulse zum Symbol:
aufbrechen, gehen, innehalten, ein Ziel haben, den Weg suchen, Fußspuren, Wegweiser, Wegbegleiter, zurückschauen, ankommen

Gestaltungsformen:
Gehen in unterschiedlichen Geschwindigkeiten
Mein Tempo finden
Fußspuren in Sand eindrücken oder auf Papier malen ...
Sich führen lassen (Vertrauensübungen)
Weggeschichten
Wegzeichen (Steine, Kreuze ...)

Biblische Texte:
2. Mose 13,21 (Wolken- und Feuersäule, um sie den rechten Weg zu führen)
Psalm 23 (Der Herr ist mein Hirte)
Sprüche 16,9 (Des Menschen Herz erdenkt sich seinen Weg)
Lukas 24,13-35 (Emmaus-Erzählung)
Johannes 14,6 (Ich bin der Weg)

### II.2. Symbol *Steine*

Impulse zum Symbol:
steiniger Weg, Schuldsteine, Erdrückendes, Steinmauern, Steinhaus, Steinbrüche, Worte wie Steine, steinhart, Schutz, Edelsteine, Fundament, Schmeichelsteine

Gestaltungsformen:
Steine suchen
Stein-Zwiegespräch
Schuldsteine ablegen
Steingeschichten

Biblische Texte:
Josua 24,27 (dieser Stein soll Zeuge - des Bundes - sein...)
Psalm 91,12 (du deinen Fuß nicht an einen Stein stossest...)
Matthäus 21,42 (Der Stein, den die Bauleute verworfen haben,... der Eckstein)
1. Petrus 2,4f (lebendige Steine)

### II.3. Symbol *Brücke*

Impulse zum Symbol:
Verbindungen schaffen, Hindernisse bewältigen/überwinden, abgebrochene Brücken, Pfeiler des Lebens, sich tragen lassen/getragen werden, Vertrauen/Zukunft wagen, Regenbogen: Brücke zwischen Gott und den Menschen
Gestaltungsformen:

Was für eine Brücke bin ich? Phantasiereise
Brücken bauen aus Holz, Steinen, Schnüren, Seilen ...
Einander tragen
Lebensstationen: wichtige Begegnungen, Erfahrungen und Menschen (Brückenpfeiler)
Tanzen (es führt über den Main eine Brücke aus Stein...)
Lieder zum Thema („Über 7 Brücken mußt du gehn"..)
Brückengeschichten

Biblische Texte:
1. Mose 9,13 (Meinen Bogen habe ich in die Wolken gesetzt...)
2. Mose 19,4 (... wie ich euch getragen habe auf Adlerflügeln)
Galater 6,2 (... einer trage des anderen Last)

## II.4. Symbol *Fluß*

Impulse zum Symbol:
in Bewegung sein, sich verändern, „don't push the river", „nur tote Fische schwimmen mit dem Strom", Quelle - Mündung, Flußlandschaften, Flußgeschichten, Wasser, Lebendigkeit, sich tragen lassen, sich treiben lassen, Tränen abwischen, Reinigung, mit allen Wassern gewaschen, loslassen/Abschied nehmen/ziehen lassen, Trauer/Grenze/Tod, Lebensfluß, Kraft, Christussymbol: Ichthys

Gestaltungsformen:
Einem Fluß/Bach etwas anvertrauen (losschicken/loslassen)
Mit Farben dem Lebensfluß Raum geben
Körperübungen: fließen lassen
Was verhindert meinen Fluß?
Wo habe ich Kraft (auch um über die Ufer zu treten)?
Sich zu neuen Ufern wagen
Fluß und Tod/Fährmann
Legende vom Heiligen Christophorus
Flußgeschichten

Biblische Texte:
Psalm 1,3 (wie ein Baum gepflanzt an Wasserbächen)
Psalm 23,2 (Er führet mich zu frischem Wasser)
Psalm 36,10 (Bei dir - Gott - ist die Quelle des Lebens)
Psalm 90,5 (Du lässest sie dahinfahren wie einen Strom - Tod)
Jesaja 58,11 (Du wirst sein wie eine Wasserquelle)
Johannes 4,1-42 (Jesus und die Samaritanerin)
Johannes 7,38 (Wer an mich glaubt, von dem werden Ströme lebendigen Wassers fließen)

# Wochenendseminare mit Alleinerziehenden und ihren Kindern

*Christine Oldemeier*

**Vorbemerkung**

Zu den beliebtesten Veranstaltungen der Kirchenkreispfarrstelle für Alleinerziehende in Lübeck gehören die Familienfreizeiten und Wochenendseminare.

Mit Abstand von zu Hause den häufig sehr angespannten Alltag einmal hinter sich lassen und reflektieren zu können, das Miteinander zwischen Eltern und Kindern in einem neuen Zusammenhang zu erleben und sich bei den Seminaren intensiv über ein Thema und mit sich selbst auseinandersetzen zu können, sind dafür ebenso als Grund anzuführen, wie die Möglichkeit, einmal abends nicht allein in den eigenen vier Wänden zu sitzen, sondern ausgiebig mit anderen Erwachsenen reden, spielen, lachen zu können.

Auch die Chance für Kinder wie Erwachsene, zu festen Zeiten unter sich zu sein, mit jeweils eigenem Programm etwas zu erleben, was sich vom täglichen Ablauf abhebt, spielt eine Rolle bei der Beliebtheit der Wochenendseminare.

Thematisch haben wir uns dabei stets an Fragestellungen orientiert, die in unseren regelmäßig stattfindenden Gruppen und Kreisen angesprochen worden waren.

So lauteten die Titel der Wochenendseminare in den vergangenen Jahren:

- Distanz und Nähe
- Mutter und Tochter
- Da hast du ihn, den schwarzen Peter - Schuld und Versöhnung in der Einelternfamilie
- Unsere Kinder fragen nach Gott - und wir?
- Spieglein, Spieglein an der Wand

Daneben gibt es jährlich ein Seminar in der Advents- und Weihnachtszeit. Diese vom Bild der „heilen" Familie (oder wenigstens der Sehnsucht danach) geprägte Zeit wird von vielen Alleinerziehenden, insbesondere wenn die Trennung noch frisch ist, als sehr schmerzlich erfahren. Das Bedürfnis, Raum und Zeit für einen zuversichtlichen Zugang zu diesen Wochen und Festtagen zu finden, ist entsprechend groß.

Der Adventszeit einen guten Anfang zu bereiten, der auch durch die kommenden Wochen trägt und zugleich Mut macht, die eigenen Vorstellungen zu formulieren und durchzusetzen, ist Ziel dieser Adventswochenenden.

Die Teilnehmerzahlen bewegen sich zwischen 10-15 erwachsenen Teilnehmern sowie 10-16 Kindern. Für die Kinder stehen jeweils zwei Mitarbeiterinnen zur Verfügung; die Erwachsenengruppe moderiere ich, häufig unterstützt von der Studentin Imke Lange, die als Praktikantin bei uns mitwirkt.

Im vergangenen Jahr, 1997, haben wir dazu den Liedvers „Macht hoch die Tür, die Tor macht weit" und das darin angebotene Türsymbol in den Mittelpunkt gestellt. Als Beispiel für unsere Seminare hier der Ablauf dieses Wochenendes.

**Macht hoch die Tür, die Tor macht weit!**
**Ein Wochenendseminar für Alleinerziehende mit ihren Kindern**

Freitag, 20.00 - 21.00 Uhr
Erwachsene und Kinder stimmen sich in ihren Gruppen ein.

Zur Raumgestaltung: Stühle stehen im Kreis, die Mitte ist mit Tannengrün, einem Weihnachtsstern, farbigen Seidentüchern, Tannenzapfen und einer großen Kerze gestaltet.

Zum Einstieg gibt es ein kurzes *Anspiel:*
Die Mitarbeiterin kommt einen Moment zu spät. Sie öffnet die Tür, kommt herein und fragt: „Soll ich die Tür noch offen lassen? Erwarten wir noch jemanden?"
Ich: „Nein, von unserer Gruppe sind schon alle hier. Mach die Tür ruhig zu.

Aber im Grunde genommen hast Du damit natürlich schon das Thema unseres Wochenendes deutlich gemacht. Denn Advent, das ist ja die Zeit der Erwartung.

Doch, was erwarten wir? Erwarten wir überhaupt (noch) etwas von den vor uns liegenden Wochen? Welche Gedanken, welche Bilder kommen uns in den Sinn, wenn wir heute an Advent und Weihnachten denken? Welche Wünsche und Sehnsüchte tauchen auf und welche Ängste und Sorgen? Wie können, wie wollen wir uns dieser Zeit öffnen?
Und ein Zweites:
Was erwarten wir hier, von unserem Seminar? Vom Thema, von der Gruppe, vom Haus ...? Was können und wollen wir uns hier erschließen?

Eine Reihe von Fragen, mit denen ich Sie nun einladen möchte, sich hier in dieser Runde miteinander bekannt zu machen. Ich bitte Sie, neben Ihrem Namen, sowie Alter und Namen Ihres Kindes/Ihrer Kinder, mit dem/mit denen Sie hier sind, auch diese Fragestellungen aufzugreifen.
Wer Lust hat, beginnt."

Sollte nach der Vorstellungsrunde noch Zeit bleiben, werde ich noch einige Hinweise zum Ablauf des Wochenendes und zum Haus geben: Essenszeiten, pünktlicher Beginn der Arbeitseinheiten, Bringen und Abholen der Kinder zu und von der Kindergruppe, Getränke, Schlafenszeiten ...

Freitag, 21.00 Uhr
*Gutenachtgeschichte*
Nach einer Geschichte von Andreas Kleinschmidt: „Warten können"

Weihnachten rückte näher, und wie in jedem Jahr fragte sich Martha, was sie diesmal von ihrer Mutter geschenkt bekommen würde.
Des öfteren schlich sie ihrer Mutter nach und tat so, als wolle sie ihr bei der Arbeit helfen. In Wirklichkeit aber wollte sie nur herausbekommen, welches Weihnachtsgeschenk sie für sie gekauft hatte.
„Glaubst du, ich wüßte nicht, was du mit deiner Fragerei herausbekommen willst", sagte Mutter schließlich. „Aber bis Weihnachten wirst du dich schon noch gedulden müssen, Martha. Überleg einmal selber: Wenn ich dir jetzt schon sagte, was du geschenkt bekommst, dann wäre es gar keine Überraschung mehr für dich. Auch das Warten und die Vorfreude gehören zum Weihnachtsfest dazu." „Aber es dauert noch so lange bis Weihnachten", stöhnte Martha, „noch vier Wochen." „Ich weiß, was wir tun werden, damit dir das Warten nicht ganz so schwerfällt", sagte Mutter und lächelte.

Am Sonntag war der erste Advent.
Die Mutter hatte einen Adventskranz aus Tannenzweigen mit vier Kerzen gekauft und ihn auf den Wohnzimmertisch gestellt. Martha durfte die erste Kerze anzünden.
„Ich werde dir an jedem Adventssonntag etwas über dein Geschenk erzählen", sagte die Mutter. „So wird dir die Zeit bis Weihnachten nicht ganz so lang. Heute verrate ich dir, daß dein Geschenk eine braune Farbe hat."

In der nächsten Woche überlegte Martha angestrengt, was Mutter gemeint haben könnte, aber sie kam nicht darauf.
Am zweiten Advent durfte sie die zweite Kerze am Adventskranz anzünden. Mutter las eine Geschichte vor, und dann verriet sie ihr wieder etwas über ihr Geschenk. „Du wirst es sehr liebhaben", sagte sie.

Aber auch das half Martha nicht sehr viel weiter. Denn es war doch klar, daß die Mutter ein Geschenk für sie ausgesucht hatte, das ihr gefallen würde.
Als sie am dritten Advent die dritte Kerze angezündet hatte, sagte die Mutter: „Dein Geschenk kann man nicht nur sehen, sondern auch hören."
Je mehr die Mutter über ihr Weihnachtsgeschenk erzählte, um so spannender wurde es für Martha.

Als am vierten Advent alle vier Kerzen am Adventskranz brannten und es bis Weihnachten nur noch wenige Tage waren, erzählte Mutter: „Dein Geschenk, Martha, hat noch gar keinen Namen. Den Namen mußt du ihm selber erst noch geben."
Ein Geschenk ohne Namen - so sehr Martha darüber nachdachte, sie kam nicht darauf, was es sein könnte.

Als sie am Heiligen Abend dann endlich in das Wohnzimmer gerufen wurde, lag da ein kleiner Hund, ein Dackel, auf einer Decke unterm Weihnachtsbaum. Vor Überraschung und Freude bekam Martha zuerst kein Wort heraus. Sie nahm den kleinen Hund auf ihre Arme und streichelte ihn.
„Wie wirst du es denn nennen - dein Weihnachtsgeschenk ohne Namen?", fragte Mutter. „Ich weiß noch nicht. Das muß ich mir erst noch überlegen", antwortete Martha.
„Laß dir ruhig Zeit", sagte Mutter. „Alles braucht seine Zeit. So wie vor Weihnachten die vier Wochen des Advents. Das war ja auch eine Wartezeit. Aber um so größer ist am Ende die Freude."
Martha nickte und sah stolz und glücklich auf den kleinen Hund in ihren Armen.
Sie fand, daß es das schönste Weihnachtsgeschenk war, das sie je bekommen hatte.

Samstag, 9.30 - 12.00 Uhr

Kinder: spielen gemeinsam

Erwachsene:
*Bewegung und Entspannung*
Recken und Strecken / Im Raum herumgehen: auf Zehenspitzen, auf den Fersen, auf der Fußinnenseite, auf der Fußaußenseite. Wieder mit ganzem Fuß: schleichen, stampfen, laufen und schneller laufen / stehenbleiben, sich von oben nach unten abklopfen

*Drinnen oder draußen - herein und heraus*

Material: Kleine Papierfiguren zum Ausschneiden, Bemalen und Zusammenkleben; Buntstifte, Stifte zum Schreiben; Moderationskarten rot und grün, Wandzeitung, Tesakrepp.
Raumgestaltung: In der Mitte steht jetzt neben den anderen Gestaltungselementen ein kleines Tor (DIN A3)

*Standortbestimmung*
Einleitung: Kaum eine Zeit im Jahr ist so voller Erwartungen, bestimmt von unseren Erfahrungen als Kinder und als Erwachsene in unseren Familien, von unseren Hoffnungen, aber auch von unseren Enttäuschungen.
Manches möchten wir gern bewahren, anderes ändern oder endgültig abschließen.

Gerade als Alleinerziehende ist es nicht immer einfach, diese Zeit für sich selbst wie für die Kinder befriedigend zu gestalten. Wie geht es jeder/jedem einzelnen von uns im Moment mit den vor uns liegenden Wochen und Festzeiten? Fühlen wir uns mittendrin - oder draußen? Was liegt hinter, was vor uns?
Diesen Fragen wollen wir jetzt nachgehen, indem jede/jeder von uns eine kleine Papierfigur von sich gestaltet, sie ausschneidet und zusammenklebt.

Wenn alle ihre Figuren fertig in Händen halten, dann wollen wir uns reihum einen Platz in der Mitte suchen; nah oder fern vom Tor, davor oder dahinter - ganz so, wie wir unsere Position im Blick auf die Advents- und Weihnachtszeit gerade empfinden.

*Bewegung*

*Gesprächseröffnung:*
Eben haben wir uns unseren gegenwärtigen Standort im Blick auf die vor uns liegende Zeit vergegenwärtigt. Nun wollen wir einen Schritt weiter gehen und uns fragen: Will ich Türen öffnen? Möchte ich irgendwo hinein - oder eher heraus? Oder liegt mir vielmehr daran, Türen zu schließen, hinter mir oder vor mir?
Was möchte ich mir in den kommenden Wochen (wieder) erschließen, welche Traditionen möchte ich bewahren oder neu ausprobieren. Welche Erfahrungen möchte ich nicht wiederholen bzw. verhindern?
Kleingruppen: Austausch zu den Fragen und Notieren auf Moderationskarten
Plenum: Vorstellen der Gruppenergebnisse anhand der beschriebenen Moderationskarten, die anschließend auf eine Wandzeitung geklebt werden.

Samstag, 16.00 - 18.00 Uhr
Kinder: spielen gemeinsam

Erwachsene:
*Schlösser und Schlüssel*

Material: Schlüsselbund und Papierschüssel zur Gruppenaufteilung in verschiedenen Farben

Einleitung: Heute morgen haben wir uns gefragt: Wo stehe ich, und wohin möchte ich gern? Heute nachmittag soll es um die Frage gehen, wie wir zu dem kommen können, was wir gern erreichen möchten.

Um beim Symbol unseres Wochenendes zu bleiben, habe ich nun mein Schlüsselbund mitgebracht. Mit jedem dieser Schlüssel kann ich Türen öffnen und schließen. Da ich mich an vielen Stellen bewege, habe ich auch viele Schlüssel, für verschiedene Bereiche jeweils unterschiedliche. Es ist gut, wenn ich bei jedem Schlüssel sofort weiß, zu welchem Schloß er gehört; manchmal muß ich aber auch erst ausprobieren, bin mir meiner Sache nicht so sicher. Hin und wieder wünschte ich mir auch, daß ich mit weniger Schlüsseln auskommen könnte; aber es gibt eben zu unterschiedliche Türen, als daß für alle der gleiche Schlüssel passen könnte.

Nicht anders ist es mit den Wegen, die zum Ziel dessen führen, was jede/jeder von uns in diesen Wochen sich erschließen möchte. Auch das wird so vielfältig sein wie die Ziele, die wir haben.

Noch einmal wollen wir jetzt in Kleingruppen (jeweils zu dritt) gehen und uns gegenseitig dabei beraten, wie wir das erreichen können, was uns vorschwebt. Jede/jeder von Ihnen bekommt dafür einen farbigen Schlüssel, auf dem Sie in einem Satz oder mit einem Stichwort notieren können, wie Sie sich Ihr Ziel erschließen können. Jede/jeder bekommt in der Gruppe 20 Minuten Zeit, in der sie/er die Fragestellung noch einmal erläutern und mit den beiden anderen besprechen kann, d.h. jede Gruppe hat eine Stunde Zeit. Um 17.15 Uhr kommen wir wieder alle in diesem Raum zusammen.

Plenum: Austausch der Ergebnisse aus den Kleingruppen.

Samstag, 19.00 - 20.30 Uhr
Kinder und Erwachsene: basteln gemeinsam

Material: Rotes und weiteres Tonpapier, Watte, Klebstoff, Scheren, Transparentpapier, Adventskalender-Weihnachtsmann-Schablone, Liederhefte, Überraschung

*Bastelaktion*
Große und Kleine basteln sich einen **Adventskalender**, entweder nur für die vier Adventssonntage, oder - dann größer - für die gesamte Zeit.

Als Überraschung ein Korb mit Geschenken für jede/jeden für die vier Adventssonntage
Mandarine: Wegzehrung für die Durststrecke, Vitamine
Nuß: Nikolaus
Teelicht: Mache dich auf und werde licht
Rocher-Kugel: Kern im süßen Gewand (Magnifikat)

Sonntag, 9.30 - 12.30 Uhr
Kinder: spielen gemeinsam

Erwachsene:
*Bewegung und Entspannung*
Canon von Pachelbel tanzen

*Schlüsselworte füreinander*

Material: CD mit Canon, Seminareinladungen für die Lichthäuschen, pro Person je vier Tür-Wunschzettel, Scheren, Klebe, Stifte zum Schreiben

Einleitung: Wir haben an diesem Wochenende viel voneinander erfahren, von unseren Wünschen und Hoffnungen, unseren Ängsten und Sorgen im Blick auf die mit dem heutigen Sonntag begonnene Advents- und Weihnachtszeit.
Gestern haben wir uns gegenseitig beraten, Tips und Anregungen gegeben, damit wir mit unseren Ideen besser zum Ziel finden können.
Heute morgen wollen wir einen weiteren Schritt füreinander tun, uns gewissermaßen Wegzehrung für die kommenden Wochen mit auf den Weg geben. Sie haben alle auf unserem Einladungsprospekt das am unteren Rand umlaufende Häuschen gesehen. Das wollen wir jetzt ausschneiden und vorsichtig auch schon die aufgemalten Türen öffnen. Hinter jede dieser Türen soll der Wunsch einer/eines anderen aus unserer Gruppe für jeweils einen Adventssonntag geklebt werden. D.h. daß die Türen vorerst wieder einigermaßen geschlossen werden sollten, damit wir den Wunsch der anderen auch wirklich erst am entsprechenden Sonntag lesen.

Jede/jeder von uns wird nun gleich vier andere hier aus der Gruppe wählen, von denen sie/er sich ihre/seine Türwünsche erbittet. Um allen die Chance zum Wünschen zu geben, werden wir wie beim Juleklap Namenszettel ziehen lassen, jeder Name vier Mal und vier Mal darf gezogen werden.

*Feedbackrunde*
Rückmeldungen zum Wochenende, zum Haus, zu Schlafen, Essen, Kindergruppe, Thema, Leitung, Gruppe ...

*Schlußandacht*
Im Mittelpunkt steht eine Geschichte, angeregt durch die Lektüre einer Erzählung von Franz Kafka (Vor dem Gesetz):
Es kam einmal eine Frau, die auf ihrem Weg war. Eines Tages kam sie an ein offenes Tor, durch das ihr Weg führte. Vor diesem Tor stand ein Wächter. Die Frau wurde unsicher und setzte sich ein Stück entfernt hin, um den Wächter erst einmal zu beobachten und zu überlegen, wie sie wohl an ihm

vorbeikommen könnte. Schließlich nahm sie ihren Mut zusammen und fragte ihn: „Kann ich durch das Tor?" Der Wächter aber sagte: „Nein, du kannst jetzt nicht durch."

Die Frau setzte sich wieder etwas entfernt hin und betrachtete unglücklich das Tor und den Wächter vor sich. Sie überlegte, wie sie den Wächter dazu bringen könnte, sie durch das Tor zu lassen. Als erstes pflückte sie Blumen. Einen wunderschönen, riesigen Strauß. Sie gab ihn dem Wächter, der ihn annahm, und fragte: „Kann ich durch das Tor?" Der Wächter brachte die Blumen in sein Haus und sagte dann: „Nein, du kannst jetzt nicht durch."

Als nächstes suchte sie die leckersten Brote aus ihrer Wegzehrung und gab sie dem Wächter. Der aß alle Brote. „Kann ich jetzt durch das Tor?", fragte die Frau. Aber der Wächter sagte: „Nein, du kannst jetzt nicht durch.

Die Frau versuchte mit dem Wächter zu reden, aber auf ihre Frage antwortete er wieder nur: „Nein, du kannst jetzt nicht durch". Einmal versuchte die Frau sogar, als der Wächter eingeschlafen war, sich an ihm vorbeizuschleichen. Doch in dem Moment, als sie an ihm vorbei durch das Tor gehen wollte, schlug er die Augen auf und sah sie an. „Kann ich durch das Tor?", fragte die Frau hastig. Aber der Wächter sagte nur: „Nein, du kannst jetzt nicht durch."

So dachte die Frau lange Zeit nur über den Wächter nach, bis sie sich eines Tages wieder an ihren Weg erinnerte und sie den Entschluß faßte, ihren Weg weiterzugehen. Sie stellte sich vor den Wächter und sagte mit fester Stimme: „Ich gehe jetzt meinen Weg weiter!" Und der Wächter trat zur Seite und ließ sie durch das Tor hindurchgehen.

Auf der anderen Seite des Tores setzte sich die Frau ganz überrascht auf einen Stein und betrachtete das Tor nun von der anderen Seite. Sie erinnerte sich an die lange Zeit, die sie allein vor dem Tor verbracht hatte, und ihr fiel etwas ein. Durch das Tor hindurch fragte sie den Wächter: „Warum ist sonst die ganze Zeit niemand außer mir gekommen?" „Es ist dein Weg", sagte der Wächter.

Die Frau stand auf, ging den Weg entlang und drehte sich noch ein letztes Mal um. Da sah sie, wie der Wächter das Tor schloß. Sie lachte und ging ihren Weg weiter.

## Was tun, nachdem alles anders kam?

### Tag der Begegnung für Geschiedene, die wieder geheiratet haben oder unverheiratet zusammenleben

*Franz Götz*

Augsburg, März 1998

Gestaltung des Raumes: ein Stuhlkreis, in der Mitte auf verschiedenfarbigen Tüchern (hell bis schwarz) eine brennende Kerze (als Symbol für Christus und die Kirche) und eine Vase mit Zweigen in verschiedenen Phasen des Blühens

**1. Meine/unsere Situation in der Kirche nach Scheidung und/oder Wiederheirat**

Nach der Begrüßung und Einführung werden die TeilnehmerInnen eingeladen, drei Zettel auszufüllen:
a) Name und Ort
b) „Mich belastet ..."
c) „Vom heutigen Tag erhoffe, erwarte ich mir ..."
Zur Vorstellung legt jeder seinen Namenszettel an eine Stelle auf der gestalteten Mitte und hat die Möglichkeit, zu erzählen, warum er/sie diesen Platz gewählt hat. Die zweite Runde ist dem Austausch der Erfahrungen und insbesondere auch Belastungen gewidmet, die dritte Runde den Erwartungen an den Tag.
*Lied:* O komm herab du hl. Geist

**2. Ehe und Scheidung im Licht der hl. Schrift und im Leben der Kirche**

Auf einem Arbeitsblatt mit biblischem Text und Auszügen aus kirchlichen Verlautbarungen (Mk. 10,2-9; 1. Kor.; familiaris consortio Nr. 84; Augsburger Diözesansynode) können entlastende und belastende Stellen angestrichen werden, um darüber miteinander ins Gespräch zu kommen. Ziel ist, das Spannungsverhältnis zwischen Weisung und konkreter Lebensmöglichkeit zu reflektieren, das Zeugnis Jesu von der Barmherzigkeit Gottes zu erinnern und darüber zu sprechen, wie die Kirche als Gemeinschaft der Glaubenden ein Raum sein kann, in dem auch Scheitern und Neuanfang mitgetragen werden.

**3. Meine/unsere Möglichkeiten, den Glauben in der Gemeinschaft der Kirche zu leben**

*Liedruf:* Sende deinen Geist aus
Eine Frau, die aus der Kirche ausgetreten war und wieder eingetreten ist, wird - so ist es vorher verabredet - zu ihrem Glaubensweg interviewt.
Nach einer Selbstbesinnung anhand eines Arbeitsblattes zu verschiedenen

Ausdrucksformen des Glaubens tauschen Frauen und Männer sich in einer jeweils eigenen Untergruppe aus, ehe im Plenum die Gedanken vertieft und offene Fragen benannt werden können.
Es folgt eine Bildbetrachtung zu den Emmausjüngern (Lk. 24,13-35); das Evangelium wird abwechselnd gelesen und kurz gedeutet.
Jede/Jeder hat die Möglichkeit, die Namenskarte an einen anderen Platz zu legen und dabei, wenn gewünscht, eine Bitte oder einen Dank zu sprechen; dazu der
*Liedruf:* Ich will dir danken, weil du meinen Namen kennst
Den Abschluß bilden das *Vaterunser*, zu dem die Hände gereicht werden, und der *Segen*, den sich anschließend die Paare auch selbst weitergeben.

Der Begegnungstag dauerte von 9.30 bis 17.00 Uhr. Es nahmen 14 Personen (Paare und einzelne Frauen) teil.
Wie wichtig es ist, Raum für ein offenes Gespräch anzubieten, möge die folgende Wiedergabe der schriftlichen Äußerungen der Teilnehmer und Teilnehmerinnen deutlich machen:

**Mich belastet**

- der Ausschluß von den Sakramenten; daß der geistliche Segen durch eine kirchliche Trauung nicht gestattet ist; das Nicht-zur-kirchlichen-Gemeinschaft-Gehören. Das Sakrament der Ehe könnte ich jetzt bewußt eingehen; war es wirksam bei der ersten Ehe? (Nicht-Wissen)
- daß ich als Geschiedene „exkommuniziert" wurde, gerade von Leuten, die der Kirche nahe stehen (auch Seelsorger). Scheidung ist in der Kirche ein Tabuthema.
- der Gang zur Kommunion; Sakrament gebrochen und kirchlich gesehen keine Chance mehr. Gott hat mir vergeben, die Menschen nicht? Nicht verheiratet - aber das Kind wird später fragen.
- daß ich nicht für meine jetzige Verbindung den Segen Gottes von der Kirche erhalte; der Ausschluß von den Sakramenten; daß die Kirche in diesem Thema so eine starre Haltung vertritt. Es wird zwar immer wieder beteuert von Seiten der Kirche, daß ich zur Gemeinschaft der Christen dazugehöre, aber mit Abstrichen.
- daß meine Beziehung zur Kirche belastet ist.
- daß meine Frau sich ausgegrenzt fühlt.
- daß meine Frau berufliche Nachteile haben kann; ohne Schuld bestraft zu sein. Mich stört und belastet die kirchliche Intoleranz (Ignoranz) gegenüber Problemen der Geschiedenen, im besonderen in Bezug auf deren evtl. Wiederheirat.
- Mich stört, daß, da der Partner in kirchlichem Dienst steht, es bedeutet: keine Heirat oder Ende des Kirchendienstes?!

**Erwartungen an diesen Tag**

- Wer hat der Kirche das Recht gegeben, solche Festlegungen über Ehe und Scheidung über 2000 Jahre hin zu treffen?

- Die Kirche muß sich ändern, nur so kann sie einen Beitrag für die Welt leisten.
- Wir sind nur zivil verheiratet; können wir jetzt wohl auch kirchlich heiraten?
- Ich erhoffe mir die Heilung der verwundeten Seelen.
- Daß der Reibungspunkt mit der Kirche verschwindet; dieses Nicht-akzeptiert-Werden von Seiten der Kirche hält mich sonst von der Beziehung zu Jesus fern. Reine Kritik bringt nichts; ich suche meinen Weg in der Kirche.
- Mein Glaube hat eher gewonnen; ich möchte keinen Deal mit der Kirche machen, sie nicht erpressen. Ich habe einen guten Pfarrer; ich möchte mit anderen zusammensein, die auch in dieser Situation sind.
- Die Kirche hat ihre Dogmen; wir müssen darauf hinarbeiten, daß sie sich ändert, sonst ändert sich nichts.
- Ich möchte den Hl. Geist bitten, daß er uns die Augen öffnet für das, was recht ist.

**Kurze Auswertung**

Nach einer offenen und der Sache nach sehr deutlichen Runde war es möglich, die biblischen und die kirchlichen Aussagen gründlich anzuschauen und in ihnen Inhalte und Voraussetzungen für ein Leben daraus zu entdecken, auch wenn Anfragen an die Kirche und Reibungspunkte blieben.

Der persönliche Einstieg in den Nachmittag (Lebens- und Glaubenszeugnis einer Teilnehmerin), die Selbstbesinnung und die Gespräche in einer Frauen- und Männerrunde ließen bei der Frauengruppe die Frage aufkommen, ob wir uns nicht nach einiger Zeit wieder treffen sollten. Wir haben die Antwort noch offen gelassen. (Das Treffen hat inzwischen stattgefunden.)

Die Vertiefung und die Einmündung ins Gebet (auf der Grundlage von Lk. 24) machten deutlich, daß Wege zum Leben aus dem Glauben und mit der Kirche schon gegangen wurden und neue Wege sich eröffneten. Jede, jeder nutzte die Möglichkeit zu einem freien Dankgebet; ein Teilnehmer rückte seinen Namenszettel vom Rand in die Mitte. Im Laufe des Tages hat sich vieles entwickelt. Dazu beigetragen haben neben dem äußeren Rahmen wohl auch die Lieder - daß eine Atmosphäre des Gebetes, des Suchens und Fragens in der Gegenwart Jesu entstanden ist.

# „Ermahnen und erbauen" bei Trennung

## Bibelarbeit zu 1. Thessalonicher 5,11

*Hartmut Miethe*

„Darum ermahnet euch untereinander und erbauet einer den anderen, wie ihr auch tut."

„Ermahnen" und „erbauen" sind im Neuen Testament schillernde Begriffe. Sie drängen beide darauf hin, daß der Mensch seiner Bestimmung nach zu Entfaltung findet. Ohne Ermahnung und ohne die Bereitschaft, konstruktiv aneinander zu handeln, gerät der Mensch stets wieder in Gefahr, den anderen zu verletzen, zu kränken oder gar zu zerstören. Das griechische Wort „ermahnen" (parakaleitein) ist allerdings völlig mißverstanden, wenn wir es in den Kontext christlich-spätbürgerlicher Moral stellen, begleitet durch heftig drohenden Zeigefinger.
„Parakaleite" (ermahnet) meint vielmehr eine befreiende Loslösung aus Verfahrenheit, Erstarrung und Festschreibung. Gegenseitig sollen sich die Gemeindeglieder aus der Destruktivität herausrufen und herausführen. Mit der ganzen Leidenschaft der Liebe sollen wir uns gegenseitig herbeirufen, einladen, zu Hilfe rufen, auffordern, ermahnen, bitten, ermuntern, trösten - um nur einige Bedeutungen dieses vielschichtigen Wortes zu benennen.

Dies gelingt nur, wenn wir beseelt sind von der vorurteilsfreien Liebe zum Nächsten und damit alle Falschheit von uns abgefallen ist, die klammheimlich darauf bedacht ist, den anderen abzubauen, um sich selbst zu behaupten. Das andere Verb „erbauet" (oikodomeite) ist ebenfalls auf seinen ursprünglichen Sinn hin zu befragen - einer soll den anderen stärken, damit die Gemeinde zu einem festen geistlichen Hause werde (1. Petr. 2,5), in dem jeder seinen Platz einnehmen und seine Geborgenheit spüren kann. Leider ist dieses kräftige Wort zu sehr überlagert von jener Erbaulichkeit, die eine rührselige Erhebung der Seele meint. Der neutestamentliche Text spricht mit letztem Ernst vom Gelingen oder Mißlingen des Lebens.
Die Gemeinde kann im Miteinander ewiges Leben oder ewige Verdammnis auf sich oder das Haupt des Einzelnen heraufbeschwören. Es läßt sich heute kaum nachvollziehen, in welcher religiösen Verantwortung sich Paulus wußte, wenn er seine Mahnungen an die Gemeinde richtete. Ewiges Sein oder Nichtsein standen ihm als verbindliche Möglichkeiten vor Augen: Entweder man gewinnt im Bekenntnis zu Christus, dem Auferstandenen, das ganze Leben, oder man verliert es. Laue Zwischenmodelle standen nicht zur Diskussion. Deshalb ist seine Mahnung zur gegenseitigen Erbauung von jener Wertigkeit, die über Leben und Tod entscheidet. Wer nun von dieser Verstehensbasis her erfüllt ist, wird nicht anders können, als zu drängen:

„Darum ermahnet euch untereinander und erbauet einer den anderen, wie ihr auch tut."

Nun sind wir heute gelassener. Die Endzeitstimmung des Paulus (sollte man von Panik sprechen?), seine Leidenschaft für die Nähe des Herrn steht im Widerspruch zu der Tatsache, daß die Wiederkehr Christi sich zum Hoffnungsgut gewandelt hat. Genauer gesagt, die Gruppe derer, die leidenschaftlich auf diese Wiederkehr wartet, ist in den letzten Jahrhunderten zusehends kleiner geworden. Sieht man von der Thematik der Parusieverzögerung ab, so bleibt aber doch die dringliche Frage nach dem Regulativ des Miteinanders in der christlichen Gemeinde. Die Normen- und Wertepluralität zeigt innerhalb der christlichen Gemeinden eine spannungsreiche Vielfalt. Von der liberalen Haltung, daß schließlich jeder Einzelne wissen müsse, wie er vor Gott bestehen wolle, bis zu den sehr eng gefaßten kollektiv verstandenen Verhaltenskatalogen fundamentalistischer Kreise, scheint dem Christen heute alles möglich. Es bleibt mit Luther die Frage, was ihm „frommt". Deshalb wird es nötig, das Pauluswort auf seinen Wert für die Gegenwart zu befragen.

„Darum ermahnet euch untereinander und erbauet einer den anderen, wie ihr auch tut."

Wenn der Verstehensschlüssel nun nicht mehr die vor der Türe stehende Wiederkehr Christi ist, welcher paßt dann? Plausibel bleibt die Forderung, daß der Mensch, dem Menschen nichts Böses wolle und nichts Böses tue (Goldene Regel). Eine Ethik, die nicht getrieben wird von einer Endzeiterwartung und die dem Gestaltungsauftrag im Hier und Jetzt sein volles Gewicht gibt, ist beseelt von der Erfahrung des Schmerzes und der damit verbundenen Sehnsucht nach Geborgenheit und körperlich-seelischer Gesundheit.
„Tu dir doch nicht selber weh" lautet der Titel eines Buches des bekannten Benediktiners Anselm Grün (Matthias-Grünewald -Verlag, Mainz 1997). Grün betont im Eingangsteil, daß „die Ehrfurcht vor dem Leide des Menschen zur christlichen Haltung" gehöre. Um dieser Ehrfurcht willen ist es Aufgabe der Gemeinde, sich aus Strukturen herauszurufen, die Menschen abbauen und sie zu Ruinen werden lassen. Eine zentrale Rolle bei diesen Abbauprozessen spielt heute der oft wenig heilsame Umgang mit den unzählbaren Partnerschaftskonflikten, Ehedramen, Trennungen und Scheidungen.

Wenn es in der Regel für die Kirchengemeinde auch keine Einflußnahme gibt auf das, was sich innerhalb der Familien abspielt, könnte doch ein seelsorgerliches Grundklima in der Gemeinde eine gute Hilfestellung sein. Freundschaften, Partnerschaften und Ehen zerbrechen nicht aus Lust an der Trennung. Vielfältige, in der Regel schleichende Prozesse zermürben, zerreiben und entstellen die Konstruktivität der Beziehung. Bis sich die Betroffenen dieser Tatsache bewußt werden, ist der entscheidende Bruch häufig schon vollzogen; es liegt schon mehr in Trümmern, als man wahrhaben will. In eher fundamentalistischen Kreisen wird das biblische Wort der Ermahnung noch praktiziert. Die Ältesten versuchen, das Ehepaar an seine Pflicht vor Gott zu mahnen. Sollte dieser Weg keinen Erfolg haben, dann erlebt man nicht selten die Ausgrenzung der Gescheiterten aus der Gemeinde. Es wird dann weder ermahnt noch erbaut, sondern im Stich gelassen, um die Integrität der Gruppe nicht zu gefährden. In den „liberaleren" Gemeinden bleibt die Seelsorge für scheiternde Paare weitgehend in der Hand der PfarrerInnen. Diese werden aber zu spät in den Trennungsprozeß miteinbezogen, um im konstruktiven Sinne noch ermahnen und erbauen zu können. Ab einem bestimmten Grad der sich vollziehenden Entwicklung der Trennung kann Intervention nur noch bedeuten, Wege für eine würdige Trennung aufzuzeigen. D.h., es wird Aufgabe des Seelsorgers/der Seelsorgerin, im Scheitern ein Modell der gelingenden Trennung mit den Betroffenen (Partner, Familie) herauszuarbeiten.

Geistliche Ermahnung und Erbauung verlieren nicht ihren Wert, wenn am Horizont die Trennung unausweichlich wartet, sondern beide Gaben sind von unschätzbarem Wert, damit die Trennung nicht dauerhaft verunsicherte Individuen zurückläßt. Auch im Vollzug der Beendigung einer Partnerschaft muß gelten, daß der eine dem anderen nichts Böses will. Das Scheitern einer Erfüllung der uns allen innewohnenden Sehnsucht nach Geborgenheit ist kein Freibrief für Ungerechtigkeit, Egoismus und ungebremste Aggression. Die christliche Ethik verlangt von allen beteiligten Seiten eine letztlich an der Liebe orientierte Lösung, die vor Gott und den Menschen verantwortet werden kann. Deshalb bleibt das Bibelwort „Darum ermahnet euch untereinander und erbauet einer den anderen, wie ihr auch tut" unter verschiedenen Aspekten eine wertvolle Wegweisung. Zum einen wird es immer dringlicher in den Gemeinden eine geistliche Grundhaltung zu kultivieren, die scheiternden Partnerschaften liebevoll und nicht mit Häme begegnet. Ermahnen und erbauen kann zudem bedeuten, mittels Eheseminaren, Ehejubiläumsfesten oder Ehebegleitdiensten generell ein Signal zu setzen, daß jede Partnerschaft in der Gemeinde geistlicher Pflege benötigt, um ein Raum der Liebe und der Gegenwart Gottes zu sein.

Die Zeiten der Kirchenzucht sind vorbei, zum Glück. Um so deutlicher können nun die eigentlichen Gaben des Glaubens zur Entfaltung kommen. Ermahnung und Erbauung sind, befreit von moralischer Überlagerung, nach wie vor Eckpfeiler einer christlichen Lebenskultur, die angesichts scheiternder Lebensentwürfe treu zu ihrer Identität steht:
Einer trage des andern Last, so werdet ihr das Gesetz Christi erfüllen.
(Galater 6,2)

# Literatur

Ahrens, Hanna: Das Leben leise wieder lernen ... nach Krisen, Trennung und Verlust, Brunnen Verlag 1996
Ahrons, Constance R.: Die Familie erhalten, wenn die Ehe zerbricht. Die gute Scheidung, Droemersche Verlagsanstalt Th. Knaur Nachf. 1997
Alleinerziehendenarbeit konkret. Anregungen für die Praxis aus dem Arbeitskreis Alleinerziehende Mütter, hg. von der Arbeitsstelle für Frauenseelsorge der Deutschen Bischofskonferenz, Prinz-Georg-Str. 44, 40477 Düsseldorf (1996)
Bassfeld-Schepers, Annette / Canacakis, Jorgos: Auf der Suche nach den Regenbogentränen. Heilsamer Umgang mit Abschied und Trennung, C. Bertelsmann Verlag 1994
Bahr, Hans Eckehard / Kast, Verena: Lieben, loslassen und sich verbinden, Kreuz Verlag, Stuttgart 1990
Benedek, Elissa P. / Brown, Catherine F.: Scheidung: Wie helfe ich unserem Kind ... während der Trennung und danach. Problemlösungen für Kinder aller Altersstufen. Traumatische Erfahrungen vermeiden, Trias Verlag 1997
Bernard, Cheryl / Schlaffer, Edit: Seid ihr noch zu retten? Warum Ihre Ehe schiefging - Warum Ihre Scheidung schrecklich war - Wie es ab nun bergauf geht, Deuticke Verlag 1995
Bernard, Cheryl / Schlaffer, Edit: Das Kind, das seinen Vater mit einem Samstag verwechselte. Schadensbegrenzung nach der Scheidung, Heyne Verlag 1996
Bernard, Cheryl / Schlaffer, Edit: Es gibt ein Leben nach der Scheidung. Ein Ratgeber für die entheiratete Frau, Heyne Verlag 1997
Bollinger, Regina (Hg.): Die Umarmung lösen. Grundlagen und Arbeitsmaterialien zur Scheidung in Seelsorge und Gottesdienst, Gütersloher Verlagshaus 1997
Dolto, Francoise: Scheidung. Wie ein Kind sie erlebt, Klett-Cotta Verlag 1996
Duss - von Werdt, Josef / Mähler, Gisela und Hans-Georg (Hg.): Mediation - die andere Scheidung, Klett-Cotta Verlag 1995
Eltern bleiben Eltern. Hilfen für Kinder bei Trennung und Scheidung, hg. von der Deutschen Arbeitsgemeinschaft für Jugend- und Eheberatung (DAJEB), Münchnerstr. 20, 85774 Unterföhring (kostenlose Broschüre)
Engelsberger, Gerhard: Scheidung auf evangelisch. Warum auch Christen sich trennen dürfen, Kreuz Verlag 1995
Engelsberger, Gerhard: Wenn Ehen sterben. Verstehen - trauern - neu anfangen, Kreuz Verlag 1998
Figdor, Helmuth: Kinder aus geschiedenen Ehen: Zwischen Trauma und Hoffnung, Matthias-Grünewald-Verlag 1991
Friedman, Gary J.: Die Scheidungs-Mediation. Anleitungen zu einer fairen Trennung, Rowohlt Taschenbuch Verlag 1996
Fthenakis, Wassilios E. u.a. (hg. von der LBS-Initiative Junge Familie): Trennung, Scheidung und Wiederheirat. Wer hilft dem Kind?, Beltz Verlag 1996

Fuchs, Gotthard / Werbick, Jürgen: Scheitern und Glauben. Vom christlichen Umgang mit Niederlagen, Herder Verlag 1991
Furstenberg, Frank F. / Cherlin, Andrew J.: Geteilte Familien, J.G. Cotta'sche Buchhandlung Nachfolger 1993
Hamburger, Regina: Wenn die Liebe geht. Trennung, Trauer, Neubeginn, Econ Verlag 1997
Kast, Verena: Sich einlassen und loslassen. Neue Lebensmöglichkeiten bei Trauer und Trennung, Herder Verlag Freiburg 1997
Korenhof, Mieke (Hg.): Gehen. Scheidungs- und Trennungsliturgien, Verband der Evangelischen Kirche im Rheinland, Düsseldorf 1996
Krabbe, Heiner (Hg.): Scheidung ohne Richter. Neue Lösungen für Trennungskonflikte, Rowohlt Taschenbuch Verlag 1991
Lehner, Ilse M.: Die Problematik der elterlichen Trennung und Scheidung in der zeitgenössischen Kinder- und Jugendliteratur, Verlag R.G. Fischer 1991
Mediation: Die andere Scheidung. Ein interdisziplinärer Überblick, Klett-Cotta Verlag 1995
Meesmann, Hartmut / Weber, Doris: Mit dem Abschied in den Armen. Treue und Trennung, Publik-Forum 1992
Menne, Klaus / Schilling, Herbert / Weber, Matthias: Kinder im Scheidungskonflikt. Beratung von Kindern und Eltern bei Trennung und Scheidung, Juventa Verlag 1993
Merian, Svende: Scheiden tut weh. Predigten und Ansprachen, Gütersloher Verlagshaus 1995
Nave-Herz u.a. (Hg.): Scheidungsursachen im Wandel. Eine zeitgeschichtliche Analyse des Anstiegs der Ehescheidungen in der Bundesrepublik Deutschland, Kleine Verlag 1990
Niepel, Gabriele: Alleinerziehende. Abschied von einem Klischee, Verlag Leske und Budrich 1994
Niesel, Renate: Scheidungskinder. Mit Kindern Trennungen bewältigen. Wie Eltern in familiären Extremsituationen helfen können, Südwest Verlag 1998
Reberg, Lotta: Mutters Freund und Vaters Frau. Familienleben nach der Trennung, Rowohlt Verlag 1997
Ricci, Isolina: Mutters Haus - Vaters Haus. Wenn Eltern scheiden: Wie Kinder dennoch glücklich bleiben, Neuaufl. Oesch Verlag 1997
Rodriguez, Brigitte: Scheidung. Ende und Neuanfang, Editions Trobisch 1993
Rüberg, Rudolf (Hg.): Nach Scheidung wieder verheiratet. Informationen - Reflexionen - Perspektiven, Verlag Butzon & Bercker 1993
Rüberg, Rudolf (Hg.): Im Widerspruch. Zur Kontroverse um die wiederverheirateten Geschiedenen, Verlag Butzon & Bercker 1995
Schmitt, Martina / Osthoff, Ralf / Krieger, Wolfgang: Elterliche Trennung und Scheidung im Erleben von Kindern. Sichtweisen - Bewältigungsformen - Beratungskonzepte, VWB-Verlag 1997

Schneider, Theodor (Hg.): Geschieden - Wiederverheiratet - Abgewiesen? Antworten der Theologie, Herder Verlag 1995
Stein, Susanne: Wenn die Liebe zerbricht. Wie Sie es schaffen, Ihre Trennung positiv zu bewältigen, moderne industrie 1995
Stern, Ellen S.: Das Leben neu gewinnen. Tägliche Meditationen zur Überwindung von Trennung und Abschiedsschmerz, Scherz-Verlag 1997
Stoltenberg, Annemarie / Meier, Rainer: Mama hat „nen neuen Freund. Erfahrungen und Gespräche mit Scheidungskindern, Droemer Knaur Verlag 1995
Teyber, Edward: So helfen Sie Ihrem Kind im Scheidungsfall, Kabel Verlag 1996
Thorne, Julia: Wie ich meine Scheidung überlebte. Erfahrungen und neue Perspektiven, Herder Verlag 1998
Wachinger, Lorenz: Geschiedene begleiten, Matthias-Grünewald-Verlag 1995
Wege aus dem Konflikt. Von Therapie bis Mediation: Professionelle Unterstützung von Kindern und Eltern bei Trennung und Scheidung. Eine Veröffentlichung der Bundeskonferenz für Erziehungsberatung (BKfE), Matthias-Grünewald-Verlag 1996
Wir sind Familien. Arbeit mit alleinerziehenden Müttern und Vätern und ihren Kindern, hg. vom Diakonischen Werk der Evangelischen Kirche in Deutschland, Stuttgart 1993
Wolf, Doris: Wenn der Partner geht... Wege zur Bewältigung von Trennung und Scheidung, Pal Verlag 1996

**Trennung und Scheidung in Kinder- und Jugendbüchern**

Im folgenden werden zu acht spezifischen Problemstellungen Bücher aufgeführt, in denen die genannte Problematik vorkommt.

**1. Kinder leben mit einem Elternteil nach einer Trennung oder Scheidung alleine (Einelternfamilie). Kinder haben Sehnsucht nach dem abwesenden Elternteil:**

Betke, Lotte: Wir würden's wieder tun, Arena Verlag
Chidolue, Dagmar: Lady Punk, Verlag Beltz & Gelberg
Cleary, Beverly: Ruf doch an, Papa, Ueberreuter Verlag
Donnelly, Elfie: Tine durch zwei geht nicht, Cecilie Dressler Verlag
Gydal, Monica & Danielsson, Thomas: Petras Eltern sind geschieden, Carlsen Verlag
Härtling, Peter: Theo haut ab, Verlag Beltz & Gelberg
Kanstein, Ingeborg: Sybilla war schon ein schönes Kind, Spectrum Verlag
Kästner, Erich: Das doppelte Lottchen, Cecilie Dressler Verlag
Kessl, Ingrid: Alle Tage ist kein Sonntag, Georg Bitter Verlag
Körner, Wolfgang & Rettich, Rolf: Der ausgedachte Vater, Fackelträger Verlag
Leeson, Robert: Es ist mein Leben, Verlag Beltz & Gelberg

Nöstlinger, Christine: Gretchen hat Hänschen-Kummer, Oetinger-Verlag
Pille, Hans: Nur nicht unterkriegen lassen, Arena Verlag
Rosei, Peter: Nennt mich Tommy, C. Bertelsmann Verlag
Schwimann-Pichler, Ebba: Julia - auch Eltern machen Sorgen, Verlag Kremayr & Scherian
Schwörer, Sigrid: Paß auf, daß Mutter nichts anstellt, Verlag Ensslin & Laiblin
Steinkühler, Martina: Silberstreifen, Verlag Ensslin & Laiblin
Tränkel, Margot: Und dann die Sache mit Enzo, Georg Bitter Verlag
Vacke, Vojtèch: Es geht weiter, Veronika, Verlag Sauerländer
Winberg, Anna-Greta: Wenn jemand einfach weggeht, Cecilie Dressler Verlag
Winberg, Anna-Greta: Wenn einfach etwas geschieht, Cecilie Dressler Verlag

**2. Schwierigkeiten mit Kontakten zum außerhalb der Familie lebenden Elternteil** (Besuche beim anderen Elternteil usw.):
Betke, Lotte: Wir würden's wieder tun, Arena Verlag
Donnelly, Elfie: Tine durch zwei geht nicht, Cecilie Dressler Verlag
Friesel, Uwe: Jeden Tag Spaghetti. Zelten mit Vater, rororo Rowohlt Verlag
Fritsch, Ina: Wo wird Olli bleiben, Spectrum Verlag
Kanstein, Ingeborg: Sybilla war schon ein schönes Kind, Spectrum Verlag
Kessl, Ingrid: Alle Tage ist kein Sonntag, Georg Bitter Verlag
Korhammer, Eva: Wo wohnst Du, Mama?, Kibu Verlag
Nöstlinger, Christine: Gretchen hat Hänschen-Kummer, Oetinger-Verlag
Schwimann-Pichler, Ebba: Julia - auch Eltern machen Sorgen, Verlag Kremayr & Scherian
Steinkühler, Martina: Silberstreifen, Verlag Ensslin & Laiblin
Winberg, Anna-Greta: Wenn jemand einfach weggeht, Cecilie Dressler Verlag
Winberg, Anna-Greta: Wenn einfach etwas geschieht, Cecilie Dressler Verlag

**3. Reaktionen der Kinder** (wie z.B. diffuse Ängste, Verlustängste, Trotzreaktionen, Sich-schämen, Sich-abkapseln, auffällige Verhaltensweisen, Ausreißen)
Blume, Judy: Deshalb geht die Welt nicht unter, Erika Klopp Verlag
Fischmuth, Barbara: Die Ferienfamilie, Residenz Verlag
Härtling, Peter: Theo haut ab, Verlag Beltz & Gelberg
Hasler, Eveline: Der Sonntagsvater, Otto Maier Verlag
Krog, Inge: ... und was wird aus mir?, Junior Press
Maar, Nele: Papa wohnt jetzt in der Heinrichstraße, Verlag Modus Vivendi
Mazer, Norma: Ich, Trissy, Verlag Sauerländer
Nöstlinger, Christine: Gretchen hat Hänschen-Kummer, Oetinger-Verlag
Nöstlinger, Christine: Ilse Janda, Oetinger-Verlag
Platt, Kin: Chloris und der andere Vater, Anrich Verlag
Rosei, Peter: Nennt mich Tommy, C. Bertelsmann Verlag
Shyer, Marlene Fanta: Mein Bruder und ich, Boje-Verlag
Stolz, Mary: Sommerstürme, Arena Verlag
Winberg, Anna-Greta: Wenn einfach etwas geschieht, Cecilie Dressler Verlag

**4. Wechsel des Wohnorts aufgrund von Trennung oder Scheidung bzw. daraus resultierende Probleme**
Cleary, Beverly: Ruf doch an, Papa, Ueberreuter Verlag
Kästner, Erich: Das doppelte Lottchen, Cecilie Dressler Verlag
Kordon, Klaus: Schwarzer Riese 5.Stock, Otto Maier Verlag

**5. Schwierigkeiten in der Schule** (mit dem Lernen, mit den Klassenkameraden)
Gürt, Elisabeth, Du bist kein Kind mehr, Gundula, Verlag Kremayr & Scherian
Härtling, Peter: Theo haut ab, Verlag Beltz & Gelberg
Körner, Wolfgang & Rettich, Rolf: Der ausgedachte Vater, Fackelträger Verlag

**6. Emotionale Unterstützung bei Personen außerhalb der eigenen Familie**
Bahre, Jens: Der Dicke und ich, Kinderbuch Verlag
Frischmut, Barbara: Die Ferienfamilie, Residenz Verlag
Härtling, Peter: Theo haut ab, Verlag Beltz & Gelberg
Muralt, Inka v.: Tage wie Wind, Schweizer Jugendverlag
Nöstlinger, Christine: Gretchen Sackmeier, Oetinger-Verlag
Nöstlinger, Christine: Gretchen hat Hänschen-Kummer, Oetinger-Verlag
Nöstlinger, Christine: Ilse Janda, Oetinger-Verlag
Pille, Hans: Nur nicht unterkriegen lassen, Arena Verlag
Stolz, Mary: ... liebt Euch alle Junie, Arena Verlag
Stolz, Mary: Sommerstürme, Arena Verlag
Vacke, Vojtèch: Es geht weiter, Veronika, Verlag Sauerländer

**7. Kinder haben Schwierigkeiten im Umgang mit neuen Lebenspartnern der Eltern, fühlen sich zurückgesetzt, sind eifersüchtig oder glorifizieren den abwesenden Elternteil; Kinder haben Stiefeltern**
Bahre, Jens: Der Dicke und ich, Kinderbuch Verlag
Chidolue, Dagmar: Lady Punk, Verlag Beltz & Gelberg
Gydal, Monica & Danielsson, Thomas; Petras Eltern sind geschieden, Carlsen Verlag
Heiss, Lisa: Röttger Wohnblock D 5.Stock, Union Verlag
Kötter, Ingrid: Von Supereltern kannst du träumen, Cecilie Dressler Verlag
McAfee, Annalena: Mein Papi, nur mein, Ali Baba Verlag
Muralt, Inka v.: Tage wie Wind, Schweizer Jugendverlag
Platt, Kin: Chloris und der andere Vater, Anrich Verlag
Shyer, Marlene Fanta: Mein Bruder und ich, Boje-Verlag
Winberg, Anna-Greta: Wenn einfach etwas geschieht, Cecilie Dressler Verlag

**8. Geschwister erleben die Trennung/Scheidung unterschiedlich und reagieren unterschiedlich darauf**

Blume, Judy: Deshalb geht die Welt nicht unter, Erika Klopp Verlag
Kordon, Klaus: Der Käpt'n aus dem 13.Stock, Cecilie Dressler Verlag
Mazer, Norma: Ich, Trissy, Verlag Sauerländer
Nöstlinger, Christine: Gretchen Sackmeier, Oetinger-Verlag
Nöstlinger, Christine: Gretchen hat Hänschen-Kummer, Oetinger-Verlag
Nöstlinger, Christine: Ilse Janda, Oetinger-Verlag
Platt, Kin: Chloris und der andere Vater, Anrich Verlag
Rosei, Peter: Nennt mich Tommy, C. Bertelsmann Verlag
Stolz, Mary: ... liebt Euch alle Junie, Arena Verlag
Stolz, Mary: Sommerstürme, Arena Verlag

Diese Zusammenstellung von Kinder- und Jugendliteratur ist entnommen aus: informationen & materialdienst 2/1993, hg. von der Abtl. Gemeindepastoral, Referat Ehe und Familie, im Erzbistum Köln (Marzellenstr. 32, 50668 Köln). Dort sind weitere Texte zum Thema "Kinder - betroffen von Trennung und Scheidung" zu finden.

**Weitere Kinder- und Jugendliteratur zum Thema ist aufgeführt in:**

Trennung/Scheidung. Bücher für Kinder und Jugendliche, hg. von der Evangelischen Konferenz für Familien- und Lebensberatung e.V. Fachverband für Psychologische Beratung und Supervision (EKFuL), Schönhauser Allee 141, 10437 Berlin.

**Ratgeber für Kinder und Jugendliche**

Brown, Laurene Krasny / Marc Brown: Scheidung auf dinosaurisch. Ein Ratgeber für Kinder und Eltern, Carlsen Verlag 1988
Gasser, Walter / Habegger, Catherine / Rey-Bellet, Marianne: Meine Eltern trennen sich. Teil I: An die Kinder, Verlag Pro Juventute 1987
Kammerer, Doro: Meine Eltern trennen sich! Infos, Tips und Tests, F. Schneider Verlag 1996
Swan-Jackson, Alys: Zwischen den Stühlen. Wie Jugendliche mit der Scheidung ihrer Eltern klarkommen, Kerle Verlag 1998

## Quellenverzeichnis

Abschied II (Abschied/vor der Geburt/...), Rose Ausländer. Aus: dies., Ich höre das Herz des Oleanders. Gedichte 1977-1979 © Fischer Verlag GmbH, Frankfurt am Main, 1984

Abschied, Ina Seidel. Aus: Gesammelte Gedichte, Deutsche Verlagsanstalt Stuttgart 1955

Das Frühstück, Jacques Prévert. Aus: Gedichte und Chansons RP 7, Rowohlt Verlag 1962

Liebe am Horizont, Ursula Krechel © bei der Autorin

Ungetrost, Günter Kunert. Aus: Stilleben. Gedichte © 1983 Carl Hanser Verlag München, Wien

Bitter und schnell, Jehuda Amichai. Aus: Bitter und schnell © für die deutsche Übersetzung: Piper Verlag GmbH, München 1988

Abschied, Günter Kunert. Aus: Stilleben. Gedichte, dtv / Hanser Verlag München 1992

Wir verschoben uns gegeneinander, Alfred Kolleritsch. Aus: Zwei Wege, mehr nicht. Gedichte © 1993 Residenz Verlag, Salzburg und Wien

Ich kann dich noch sehn..., Paul Celan. Aus: Gesammelte Werke, Band 2 © Suhrkamp Verlag Frankfurt am Main 1983

ES SCHEINT, ich darf, Ernst Meister. Aus: Ernst Meister, Ausgewählte Gedichte, 1932-1979 © Rimbaud Verlag, Aachen

Ferngezogen, zu bleiben, Klaus Hensel © beim Autor

Klage I, Henriette Hardenberg. Aus: Südliches Herz. Nachgelassene Dichtungen, hg. v. Hartmut Vollmer © 1994 by Arche Verlag AG, Raabe + Vitali, Zürich

Aus den Liedern auf der Flucht, Ingeborg Bachmann. Aus: Werke Bd. 1 © Piper Verlag GmbH, München 1978

Gesänge, Gottfried Benn. Aus: Sämtliche Werke. Stuttgarter Ausgabe. In Verb. m. Ilse Benn hg. v. Gerhard Schuster. Band 1: Gedichte 1. Klett-Cotta, Stuttgart 1986

Wie sind die Tage..., Hermann Hesse. Aus: Musik des Einsamen © 1914 Eugen Salzer Verlag Heilbronn

DAS, Mascha Kaléko. Aus: In meinen Träumen läutet es Sturm © 1977 Deutscher Taschenbuch Verlag, München

Als ich allein war scharten sich, Jan Koneffke © beim Autor

Beziehung, Inge Krupp. Aus: Vertrauen weil es diesen Menschen gibt, Bildungswerk Diözese Mainz, Mainz 1992

Unschuldig, Olly Komenda-Soentgerath. Aus: Unerreichbar nahe © 1986 Heiderhoff Verlag, Eisingen

Elegie, Rosario Castellanos. Aus: Dann fliegt mein gefiedertes Herz © für die deutsche Übersetzung: Piper Verlag GmbH, München 1992

Versuche
Angebot, Titos Patrikios. Aus: Spiegelbilder © 1993 Romiosini Verlag Köln

Ohne Risiko, Olly Komenda-Soentgerath. Aus: Unerreichbar nahe © 1986 Heiderhoff Verlag, Eisingen

Veränderung, Bettina Wegner © Anar. Musikverlag Berlin

Seit Papa weg ist, Christine Haidegger © edition eizenbergerhof Salzburg

Ansichtskarte aus einem Hotel, Jürgen Becker. Aus: Erzähl mir nichts vom Krieg © Suhrkamp Verlag Frankfurt am Main 1977

Nichts bleibt, Rose Ausländer. Aus: dies., Ich höre das Herz des Oleanders. Gedichte 1977-1979 © Fischer Verlag GmbH, Frankfurt am Main, 1984

Winter, Eva Strittmatter. Aus: E. St., Die eine Rose überwältigt alles © Aufbau-Verlag Berlin und Weimar 1977

Dreh dich um, Jenny Aloni. Aus: Gedichte, Gesammelte Werke in Einzelausgaben, Bd. 7, hg. von Friedrich Kienecker und Hartmut Steinecke © Verlag Schöningh, Paderborn, 1995

Bevor ich sterbe, Erich Fried. Aus: Lebensschatten von Erich Fried © Verlag Klaus Wagenbach Berlin 1981, NA 1996

Alles wandelt sich, Bertold Brecht. Aus: Gesammelte Gedichte, Band 3 © Suhrkamp Verlag Frankfurt am Main 1976

Rückkehr der Schiffe, Hilde Domin. Aus: dies., Gesammelte Gedichte © S. Fischer Verlag GmbH, Frankfurt am Main, 1987

abschied will alles, Käte Reiter © bei der Autorin

Anfang der Liebe, Eva Strittmatter. Aus: E. St., Die eine Rose überwältigt alles © Aufbau-Verlag Berlin und Weimar 1977

Vom Weißfisch und der Kaulquappe, Wolf Dietrich Schnurre © beim Autor

Les feuilles mortes, Jacques Prévert © Jacques Vallon de Mayol, Luynes

Sitzend und wartend, Jürgen Becker. Aus: Erzähl mir nichts vom Krieg © Suhrkamp Verlag Frankfurt am Main 1977

# Liste der Autorinnen und Autoren

**Simone Alexander**, geb. 1971. Sekretärin; Koronarsportübungsleiterin.

**Armin Beuscher**, geb. 1958 in Ellern/Hunsrück, verheiratet, zwei Kinder. Studium der ev. Theologie in Wuppertal und Heidelberg; Jahreshospitanz beim WDR-Kirchenfunk, Ausbildung zum Gestaltberater; Gemeindepfarrer in Köln-Lindenthal seit 1989.

**Gerhard Engelsberger**, geb. 1948, verheiratet, vier Kinder. Gemeindepfarrer in Wiesloch bei Heidelberg; Buchveröffentlichungen; Mitarbeit bei Rundfunksendungen des SDR, SWF, DLF, DW und Live-Gottesdienste im ZDF.

**Franz Götz**, geb. 1951, 1976 Priesterweihe. Pfarrer und Religionslehrer am Gymnasium; Subregenz im Priesterseminar; seit 1993 Ehe-, Familien- und Frauenseelsorger im Bistum Augsburg.

**Renate Kirsch**, verheiratet, drei Kinder. Studium der ev. Theologie und Germanistik; Lehrerin am Gymnasium; heute in kirchlicher Erwachsenenbildung und im Rundfunk in kirchlicher Beauftragung tätig.

**Niklaus Knecht-Fatzer,** geb. 1943, verheiratet, zwei Kinder. Studium der kath. Theologie in Chur und Tübingen, Abschluß mit theol. Diplom; Pastoralassistent und Religionslehrer; Seelsorger in ökumenischer Pfarrgemeinde; pastoralpsychologische und gestalttherapeutische Weiterbildung; seit 1983 Leiter der diözesanen Arbeitsstelle Partnerschaft - Ehe - Familie, St. Gallen.

**Joachim Kramp**, geb. 1942, geschieden, zwei Töchter. Seit 1971 Rechtsanwalt; Beschäftigung mit Mediation seit 1990; selbständiger Mediator für Familienangelegenheiten, insbesondere bei Trennung und Scheidung (BAFM); Ausbilder und Supervisor in Mediation; freier Mitarbeiter beim Familien-Notruf in München.

**Matthias Lau**, geb. 1958, zwei Kinder, geschieden seit 1991. Gemeindepfarrer; seit 1991 Lehrer für Religion und Psychologie an einem Münchner Gymnasium; Ausbildung u.a. in Klinischer Seelsorge, Partnerzentrierter Gesprächsführung, Gestaltpädagogik.

**Annette Lenders**, geb. 1957, in 2. Ehe verheiratet, drei Kinder. Dipl.-Sozialpädagogin und Supervisorin; seit 1982 Leiterin des Referates „Alleinerziehende" im Bistum Aachen.

**Rainer Lüddecke**, Dr. phil., Romanist und Germanist; Studiendirektor am Laubach-Kolleg und Lehrbeauftragter am Romanistischen Seminar der Universität Bonn.

**Elisabeth Mackscheidt**, Dr. phil., geb. 1935, verheiratet, zwei Kinder. Studium der Erziehungswissenschaften, kath. Theologie und Germanistik; freie Mitarbeit beim WDR; kirchliche Alleinerziehendenarbeit; systemische Beratung (APF-Köln) und Supervision (DGSv) in eigener Praxis in Köln.

**Albrecht Mahr,** Dr. med., geb. 1943, verheiratet, zwei Kinder. Psychotherapeutische Praxis in Würzburg; Facharzt für Psychotherapeutische Medizin; Lehr- und Kontrollanalytiker (DPG, DGPT, DAGG); Zusammenarbeit mit Bert Hellinger; Seminare zu Systemischer Familientherapie in Familien- und Organisationsaufstellungen; Lehrauftrag an der Universität Gesamthochschule Kassel.

**Hartmut Miethe**, Pfarrer der Evangelischen Kirche in Hessen und Nassau; Wissenschaftlicher Mitarbeiter am Institut für Evangelische Theologie Gießen und Mitglied der Schulleitung des Laubach-Kollegs in Laubach/ Hessen.

**Christine Oldemeier**, geb. 1956, seit 9 Jahren alleinerziehend. Acht Jahre lang Pastorin im Gemeindedienst; 1993 übernahm sie die Kirchenkreispfarrstelle für Alleinerziehende in Lübeck; Ausbildung zur Kunst- und Kreativitätstherapeutin am Fritz-Perls-Institut.

**Barbara Schellhoss**, Mediatorin (BAFM); bis 1980 Richterin am Landgericht; seither Beraterin in der Ev. Erziehungs- und Eheberatungsstelle in Köln; Arbeitsschwerpunkte: Trennungs- und Scheidungsberatung, Mediation.

**Brigitte Vielhaus,** Dipl-Theologin; Referentin für Lebens- und Familienformen beim Bundesverband der Katholischen Frauengemeinschaft Deutschlands, Düsseldorf; freiberuflich tätig als Orientierungsanalytikerin und Gestalttherapeutin (BVPPT) in eigener Praxis.

**Hans-Georg Wiedemann**, Dr. med., Gemeindepfarrer in Düsseldorf; Sexualberater; Veröffentlichungen zu Fragen der Homosexualität und Sexualethik; wiss. Leiter der „Int. Ges. für Tiefenpsychologie"; Arbeit mit Selbsthilfegruppen, u.a. zum Thema Trauer.